GOUVERNEMENTS ET MINISTÈRES

AF499197

DE LA

IIIe RÉPUBLIQUE FRANÇAISE

(Du 4 septembre 1870 au 1er juillet 1893)

SALLE B
ACQUISITION
N° 6304

PAR

Louis d'HAUCOUR

RÉDACTEUR AU MINISTÈRE DE LA MARINE
CHEVALIER DE LA LÉGION D'HONNEUR

PARIS
PAUL DUPONT, Éditeur
4, RUE DU BOULOI, 4

1893
(Tous droits réservés.)

NOTICE

Cet ouvrage a pour but de faciliter les recherches concernant les nombreux personnages qui ont détenu le pouvoir depuis le 4 septembre 1870 jusqu'à nos jours, et de faire connaître sommairement l'histoire de la IIIe République, au moyen de statistiques, de nature à graver les noms et les faits plus facilement dans la mémoire.

Conserver la Couverture

GOUVERNEMENTS ET MINISTÈRES

3731

DE LA

IIe RÉPUBLIQUE FRANÇAISE

(Du 4 septembre 1870 au 1er juillet 1893)

PAR

Louis d'HAUCOUR
RÉDACTEUR AU MINISTÈRE DE LA MARINE
CHEVALIER DE LA LÉGION D'HONNEUR

8° 5049

PARIS
PAUL DUPONT, Éditeur
4, RUE DU BOULOI, 4

1893

(Tous droits réservés.)

GOUVERNEMENTS ET MINISTÈRES

DE LA

IIIe RÉPUBLIQUE FRANÇAISE

8° 5049

8° Lb57. 3545
C

PREMIÈRE PARTIE

PROCLAMATION DE LA IIIe RÉPUBLIQUE FRANÇAISE

CHANGEMENTS DE GOUVERNEMENTS
ET DE CABINETS

NOMINATIONS PAR ORDRE CHRONOLOGIQUE
ET CAUSES DES DÉMISSIONS
DES PRÉSIDENTS DE RÉPUBLIQUE ET DES MINISTÈRES

(Du 4 septembre 1870 au 1er juillet 1893)

PROCLAMATION

DE LA

IIIe RÉPUBLIQUE FRANÇAISE

(4 septembre 1870)

3 SEPTEMBRE 1870

L'année terrible battait son plein, lorsque la proclamation suivante fut adressée au Peuple Français le 3 septembre 1870 :

« Un grand malheur frappe la Patrie !

« Après trois jours de luttes héroïques soutenues par l'armée du « maréchal de Mac-Mahon contre 300,000 ennemis, 40,000 hommes « ont été faits prisonniers.

« Le général Wimpfen, qui avait pris le commandement de l'armée « en remplacement du maréchal de Mac-Mahon, grièvement blessé, « a signé une capitulation.

« Ce cruel revers n'ébranle pas notre courage.

« Paris est aujourd'hui en état de défense.

« Les forces militaires du pays s'organisent.

« Avant peu de jours une armée nouvelle sera sous les murs de la « capitale.

« Une autre armée se forme sur les rives de la Loire.

« Votre patriotisme, votre union, votre énergie sauvera la France.

« L'Empereur a été fait prisonnier dans la lutte.

« Le Gouvernement, d'accord avec les pouvoirs publics, prend tou- « tes les mesures que comporte la gravité des événements. »

Cette proclamation portait les signatures de MM.

Comte PALIKAO............	Ministre	de la Guerre.	Qui furent les derniers ministres du IIe Empire.
Henri CHEVREAU............	—	de l'Intérieur.	
Aal RIGAULT DE GENOUILLY...	—	de la Marine et des Colonies.	
Jules BRAME...............	—	de l'Instruction publique.	
Prince de LA TOUR-D'AUVERGNE	—	des Affaires étrangères.	
GRANDPERRET...............	—	de la Justice et des Cultes.	
Clément DUVERNOIS.........	—	de l'Agriculture et du Commerce	
MAGNE.....................	—	des Finances.	
BUSSON-BILLAULT	—	Président le Conseil d'État.	
Jérôme DAVID..............	—	des Travaux publics.	

A la suite de cette proclamation, de nombreux rassemblements se formèrent dans la capitale; ils se groupèrent vers six heures spécialement sur la place de la Concorde et devant les grilles de la petite cour de la Chambre des députés donnant accès sur le quai et tenues fermées par ordre des questeurs. Bientôt la foule devint immense devant le Palais-Bourbon et les sentinelles ainsi que les gardes s'étaient vus forcés de se retrancher en deçà de la porte d'entrée.

Quelques cris de : Vive la République, suivis de plusieurs autres, et bientôt répétés par la masse se firent entendre . . . .

C'est en ce moment que Gambetta, monté sur une chaise, harangua la foule qui, cramponnée aux barreaux, grimpée sur les statues, poussait des vivats à l'adresse de ce député, et, de toute la puissance de sa voix, lui adressa ces paroles :

« Citoyens, le Gouvernement dont vous venez de prononcer le nom « est celui que je saluerais de tous mes vœux... Mais il faut s'en montrer digne ! Il ne faut pas qu'il soit responsable ni qu'il hérite des « malheurs qui viennent de fondre sur notre chère patrie. Comptez « sur moi, comptez sur nous et nous vous promettons que, dans les « circonstances graves que nous traversons, pas un de nous ne fail« lira à son devoir.

« Citoyens, je vous en conjure, retirez-vous, laissez le passage libre « à vos députés, n'empêchez pas les représentants de la nation de re« gagner leur poste; respectez l'ordre, prenez patience, je vous le « repète, nous saurons tous faire notre devoir. »

A ces mots, les curieux grimpés sur les statues ainsi que ceux qui s'étaient accrochés à la grille descendirent, mais un nouveau flot de dix mille Parisiens, arrivant de la rue de la Sourdière, se dirigeaient vers la Chambre des députés et vinrent augmenter la multitude.

Pendant toute la soirée et la nuit, l'agitation avait été très grande dans la capitale, les habitants, accablés sous le poids de la tristesse et inquiets de l'avenir, formaient des groupes dans les rues et les carrefours... Les mots : « Déchéance » — « République » circulaient de bouche en bouche..... On attendait avec impatience que la Chambre des députés vienne apporter sinon quelque remède à une situation dont personne n'ignorait la gravité, du moins quelque espérance dans les cœurs attristés.

(Séance de nuit du 3 au 4 septembre 1870)

Aussitôt que les douloureuses nouvelles de l'armée du maréchal de Mac-Mahon furent confirmées, le président de la Chambre convoqua les députés à domicile pour une séance de nuit. A cette réunion, qui eut lieu vers minuit, les députés de la gauche étaient à peu près au complet, mais ceux de la droite étaient pour la plupart absents, ce qui fit pousser à M. Masséna, duc de Rivoli, l'exclamation suivante : « Nous laissons tout faire et nous ne faisons jamais rien. »

Un silence morne régnait dans la salle. Le président annonça qu'il avait cru de son devoir, sur l'invitation d'un certain nombre de députés et par suite de la gravité des circonstances, de convoquer l'Assemblée. Il donna la parole au général de Montauban, duc de Palikao, ministre de la Guerre. Le général dit qu'il ne pouvait accepter en ce moment aucune discussion sur les conséquences des événements dont la nouvelle s'était confirmée. Il engagea la Chambre à ajourner toute délibération et demanda le renvoi à la séance de jour. Mais M. Jules Favre, devant cette proposition, déposa aussitôt, au nom de ses collègues de la gauche, la motion suivante :

« Article premier. — Louis-Napoléon Bonaparte et sa dynastie sont déchus des pouvoirs que leur a conférés la Constitution.

« Art. 2. — Une commission de Gouvernement est nommée par le Corps législatif.

« Art. 3. — Le général Trochu est maintenu dans ses fonctions de gouverneur de Paris. »

Sur cette proposition les ministres présents se turent, malgré les protestations de M. Pinard, et la Chambre indécise s'ajourna au lendemain 4 septembre.

4 septembre 1870 (première séance)

Dès le matin de cette fameuse journée du 4 septembre 1870, une agitation extraordinaire régnait dans Paris consterné ; les gardes nationaux se réunissaient en armes et descendaient par groupes nombreux vers le centre de la ville. A midi, un de leurs bataillons, se rendant aux abords de la Chambre, fut accueilli par la foule aux cris répétés de :

« La déchéance ! — Vive la Nation ! — Vive la République ! »

Dans la salle des séances, un public nombreux parmi lequel on remarquait un grand nombre de dames remplissait les tribunes. A 1 h. 1/2, le président, M. Schneider, montant au bureau, accompagné des secrétaires, déclara la séance ouverte.

Les ministres sont à leur banc.

Une discussion s'éleva d'abord entre MM. Glais-Bizoin, Kératry et M. le ministre de la Guerre au sujet de l'occupation de la Chambre par des troupes de ligne et des sergents de ville; M. le général de Palikao prit la parole en ces termes :

« De quoi vous plaignez-vous, dit-il. De ce que le Gouvernement « vous fait *la mariée trop belle?* — Si j'ai réuni des troupes autour « de la Chambre, n'est-ce pas pour mieux assurer la liberté de vos « réunions ? »

Le ministre de la Guerre, après une violente interruption, donna lecture d'une proposition délibérée en Conseil des ministres et motivée par les circonstances. Cette proposition instituait un Conseil de Gouvernement et de Défense nationale composé de cinq membres élus par le Corps législatif; les ministres auraient été nommés sous le contreseing de ce Conseil; enfin le général de Montauban, comte de Palikao, aurait été lieutenant général.

Des exclamations et des rumeurs éclatèrent à gauche. M. Jules Favre demanda au milieu du bruit l'urgence avec droit de priorité pour sa proposition.

M. Thiers se leva et le silence se rétablit.

Mettant de côté ses préférences personnelles, cet illustre député de la Seine soumit à la Chambre une troisième proposition instituant une « Commission de Gouvernement de la Défense nationale nommée « par la Chambre, et établissant qu'une Assemblée constituante sera « convoquée aussitôt que les circonstances le permettront ».

M. Gambetta demanda l'urgence en bloc sur les trois propositions et leur envoi immédiat à une seule et même commission.

L'urgence fut votée à l'unanimité.

Le président annonça que la séance un instant suspendue serait reprise aussitôt après l'examen des trois propositions par la commission.

. . . .

Mais dans l'intervalle, de nombreux bataillons de la garde nationale avaient débouché par le pont de la Concorde et s'étaient massés en armes près du Corps législatif, attendant avec impatience les graves décisions que la Chambre devait prendre.

D'un autre côté, une partie du public des tribunes et plusieurs anciens députés, au nombre desquels on remarquait MM. Étienne Arago, Pascal Duprat et quelques journalistes, venaient de monter sur le péristyle et acclamaient la garde nationale.

Alors, un cri unanime s'éleva de toute part :

Vive la Garde nationale, vive la Nation, vive la République!

Les gardes nationaux voulurent alors entrer, mais le gardien du Palais refusa énergiquement et l'un des questeurs, M. Quesné, ordonna de fermer la grille un instant entr'ouverte.

Les gardes nationaux et la foule protestèrent.

M. Steenackers, député de la gauche, parlementa avec eux, crut devoir déférer à leurs vœux, sous la réserve qu'ils pénétreront sans armes et ordonna au gardien d'ouvrir l'entrée à la députation des gardes désarmés qui se présenta. Le gardien du Palais céda à regret et essaya de refermer aussitôt la grille, mais il était trop tard, la foule se précipita et le péristyle de la Chambre fut complétement envahi.

Les cris de *Vive la garde nationale! vive la République* alternèrent et redoublèrent.

Les envahisseurs pénétrèrent dans la salle des Pas-Perdus et dans les couloirs de la Chambre.

Vers 3 heures, M. Schneider, président, monta enfin au bureau; MM. Gambetta et Crémieux parurent ensemble à la tribune; le premier réclama le silence qui s'établit relativement jusqu'à l'arrivée du ministre de la Guerre, mais aussitôt les clameurs redoublèrent.

Le président se couvrit et le ministre de la Guerre se retira. L'hémicycle fut plus que jamais envahi par la foule qui réclama la déchéance de l'Empire et la proclamation de la République.

M. Jules Favre monta en ce moment à la tribune et obtint enfin d'être écouté :

« Pas de scènes violentes, s'écria-t-il, réservons nos armes contre « les ennemis de la France et faisons-nous tuer devant eux, s'il le faut

« jusqu'au dernier; mais, en ce moment nous avons besoin d'union et « c'est seulement pour ce motif que nous ne proclamons pas immédia-« tement la République que nous appelons de tous nos vœux. »

Ce fut en ce moment solennel que Gambetta, ayant à ses côtés M. de Kératry, prononça la déchéance de Louis-Napoléon Bonaparte et de sa dynastie.

Des cris redoublés de : Vive la République accueillirent cette déclaration.

La foule demanda la présence de tous les députés pour la plupart absents de leur siège et cria : *A l'Hôtel de Ville! A l'Hôtel de Ville!*

Séance de l'Hôtel de Ville.

La salle se vida alors peu à peu et les députés de Paris suivis d'un certain nombre de leurs collègues des départements se rendirent à l'Hôtel de Ville.

C'est là que, dans une séance à jamais mémorable, les députés :

Emmanuel Arago,
Crémieux,
Dorian,
Jules Favre,
Jules Ferry,
Léon Gambetta,
Garnier-Pagès,
Magnin.
Guyot-Monpayroux,
Ordinaire,
Pelletan,
Ernest Picard,
Jules Simon,

dans un même élan d'amour pour la patrie et en présence des indécisions de leurs collègues au Palais-Bourbon, proclamèrent la *République*, en présence du peuple assemblé.

La République n'a-t-elle pas vaincu l'invasion en 1792 (1) ?

---

(1) La victoire de Valmy remportée sur la Prusse par Kellermann, contre le prince de Brunswick, le 20 septembre 1792, fut la première réponse de la Révolution aux provocations et aux prétentions des armées coalisées qui croyaient envahir notre patrie sans y rencontrer de résistance. « Allez sans crainte, leur avait-on dit, vous ne rencontrerez qu'une armée de vagabonds, de tailleurs et de savetiers. »

C'est ainsi qu'étaient traités les jeunes soldats enrolés par la Convention. Mais Kellermann, un de ces généraux aux épaulettes de laine et aux bottes décousues, une des gloires les plus pures de la Révolution, avait un courage qui leur assurait la victoire avant de l'avoir conquise; aussi, nos jeunes soldats furent-ils excités, électrisés, lorsque, se découvrant d'une main et l'épée de l'autre, ce vaillant capitaine marcha le premier contre l'ennemi, en s'écriant : « Vive la nation! ». Ce cri de guerre retentit dans le cœur de chacun. Nos héroïques soldats se battirent comme des lions et firent reculer l'armée prussienne, qui fut forcée de battre en retraite.

C'est en elle que tout espoir doit être placé en présence de l'ennemi.

A cette réunion, le Gouvernement fut aussitôt nommé d'acclamation ; il se composa des citoyens :

Emmanuel ARAGO,
CRÉMIEUX,
Jules FAVRE,
Jules FERRY,
GAMBETTA,
GARNIER-PAGÈS,
GLAIS-BIZOIN,
PELLETAN,
PICARD,
ROCHEFORT,
Jules SIMON.

Continuation de la première séance du 4 septembre 1870 au Palais-Bourbon.

Pendant que ces événements se passaient à l'Hôtel de Ville, d'un autre côté, les quelques députés restés au Palais-Bourbon s'étaient retirés dans la salle à manger de la présidence. Cette séance partielle fut ouverte vers 4 h. 1/2, et M. Alfred Le Roux, vice-président de la Chambre, la présida, ayant pour secrétaires MM. Martel et Rousseau... La question mise à l'ordre du jour fut la discussion immédiate de la constitution d'un nouveau gouvernement... Mais les représentants du pays, présents à cette réunion, croyaient que leur devoir était de composer un comité qui serait chargé de prendre les mesures nécessaires pour maintenir l'ordre et organiser la défense nationale.

Enfin, M. Garnier-Pagès demanda et obtint la parole. Il proposa, comme conséquence de la capitulation de Sedan, d'une part, et de l'invasion de la Chambre de l'autre, la déchéance de l'Empire et la formation d'un Gouvernement provisoire... « Acceptez donc cette si-
« tuation, ajouta-t-il, et ralliez-vous à ce mouvement populaire qui nous
« entraîne ! Que la Chambre s'unisse au Gouvernement qui est peut-
« être fondé à l'heure présente à l'Hôtel de Ville, aux acclamaations
« du peuple de Paris tout entier. »

Sur cette invitation, plusieurs députés se levèrent et protestèrent ; parmi eux se trouva M. Buffet qui refusa d'accepter cette proposition. Il fut toutefois décidé, sur la demande de M. E. Dréolle, que

MM. Grévy, Lefèvre-Pontalis et Garnier-Pagès iraient immédiatement se mettre en rapport avec leurs collègues installés à l'Hôtel de Ville afin de s'entendre avec eux et d'agir en commun.

Ces trois députés s'y rendirent aussitôt et exposèrent le but de leur mission.

A la suite de cette entrevue, MM. Jules Favre et Jules Simon furent chargés de se rendre dans la soirée au Palais-Bourbon et d'apporter la réponse du Gouvernement de l'Hôtel de Ville.

Deuxième séance du 4 septembre 1870

(8 heures du soir)

A cette deuxième séance du 4 septembre 1870, M. Thiers fut nommé président en l'absence de M. Schneider et des vice-présidents et prit la parole en ces termes :

« Messieurs, j'ai une présidence d'un moment, on m'annonce l'ar-« rivée de MM. Jules Favre et Jules Simon qui viennent nous apporter « la réponse aux paroles de conciliation qui leur ont été transmises par « vos délégués. »

Alors, M. Jules Favre, sur l'invitation de M. Thiers, s'exprima en ces termes :

« Nous venons vous remercier de la démarche que vos délégués « ont faite près de nous ; elle a été inspirée par un sentiment patrio-« tique; si, dans notre Assemblée, nous différons sur la politique, nous « sommes tous d'accord, quand il s'agit de la défense du sol et de la « liberté.

« En ce moment, les faits sont accomplis... Un Gouvernement, issu « des circonstances que nous n'avons pu prévoir, vient de s'imposer ; « nous en sommes les dévoués serviteurs. Nous pouvons nous ren-« contrer dans les mêmes sentiments avec vous. — Nous ne pou-« vons du reste rien changer à ce qui vient d'être fait. — Si vous « voulez bien y donner votre ratification, nous vous en serons recon-« naissants ; si, au contraire, vous refusez, nous respecterons la

« décision de votre conscience, mais nous garderons la liberté de la « nôtre. »

« Voilà ce que je suis chargé de vous dire de la part du Gouverne- « ment provisoire de la République dont la présidence est offerte au « général Trochu, qui l'a acceptée. »

M. Thiers répondit ainsi qu'il suit :

« Le passé ne peut être équitablement apprécié par chacun de « nous à l'heure qu'il est, c'est l'histoire seule qui pourra le faire. Je « ne peux vous parler que pour moi, mes collègues ici présents ne « m'ayant pas donné la mission de vous dire s'ils accordent ou s'ils « refusent leur ratification aux événements de la journée.

« Vous vous êtes chargés d'une immense responsabilité.

« Notre devoir est de faire des vœux pour que vos efforts réus- « sissent dans la défense de Paris et que nous n'ayons pas longtemps « sous les yeux le spectacle navrant de la présence de l'ennemi.

« Ces vœux, nous les faisons tous, par amour pour notre pays, « parce que votre succès sera celui de la patrie. »

A la demande faite du nom des personnes qui composaient le nouveau Gouvernement, M. Jules Simon prit ensuite la parole :

« Les membres choisis, dit-il, l'ont été pour composer une com- « mission chargée de la défense de la capitale, c'est vous dire que ce « sont tous les députés de Paris, excepté le plus illustre d'entre eux ; « mais Il vient de vous dire la grandeur de la responsabilité dont « nous nous sommes chargés et fait des vœux pour notre succès; dans « ce choix, il n'y a pas eu de préoccupations individuelles, il y a eu « l'application d'un principe ; s'il en était autrement, on verrait figurer « d'autres noms que ceux des députés de Paris. Nous n'avons eu « qu'une pensée, celle de faire face à l'ennemi. »

MM. Jules Favre et Jules Simon, après avoir remercié M. Thiers, se retirèrent, et ce dernier adressa aux membres de la Chambre les paroles suivantes :

« Combattre aujourd'hui le Gouvernement qui vient de naître, « serait une œuvre antipatriotique.

« Les hommes composant actuellement le Gouvernement provisoire « doivent avoir le concours de tous les citoyens devant l'ennemi.

« N'entrons pas dans la voie de la protestation ; faisons tous un « sacrifice aux dangers que court la France. »

Après quelques observations de plusieurs députés, la séance fut levée.

Cette acceptation des événements de la part de M. Thiers et de ses collègues, qui ne crurent pas devoir protester davantage, confirma officiellement la reconnaissance par les représentants du pays, du Gouvernement provisoire, ainsi que de l'acclamation de la République.

Tels furent les événements qui se passèrent lors de la proclamation de la IIIe République française.

GOUVERNEMENT DE LA DÉFENSE NATIONALE

(Du 4 septembre 1870 au 17 février 1871)

GÉNÉRAL TROCHU, PRÉSIDENT

A la suite de la déchéance de l'Empire et de la proclamation de la République,

Il fut décrété :

Que le nouveau Gouvernement acclamé prendrait la dénomination de *Gouvernement de la Défense nationale*, sous la présidence du général Trochu, chargé des pleins pouvoirs militaires pour la défense de Paris.

En outre, le Corps législatif fut dissous, le Sénat aboli, les ministères de la Présidence du Conseil d'Etat et de la maison de l'Empereur furent supprimés.

Enfin le premier ministère de la troisième République fut aussitôt formé comme il est indiqué dans le tableau ci-après.

Délégation du Gouvernement en province.

Toutefois, par un décret du 14 septembre 1870, considérant qu'il était indispensable, en cas d'investissement de Paris, que le Gouvernement conservât sa liberté d'action pour organiser la défense dans les départements et y maintenir l'administration, il fut décidé que M. Crémieux, membre du Gouvernement de la Défense nationale, Garde des sceaux, ministre de la Justice, serait délégué pour représenter le Gouvernement en province et en exercer les pouvoirs, que chaque département ministériel serait représenté près de lui par un délégué spécial chargé du service de ce département, que le siège de cette délégation serait pour le moment à Tours et pourrait être transporté partout où l'exigeraient les nécessités de la défense, enfin que les pouvoirs ainsi conférés cesseraient quand les relations avec Paris deviendraient libres. (Voir ci-après les événements se rapportant à cette Constitution.)

FORMATION ET DÉMISSION

DU

Cabinet du 4 septembre 1870

ET DE LA DÉLÉGATION DU GOUVERNEMENT EN PROVINCE

1er MINISTÈRE DE LA IIIe RÉPUBLIQUE

DATE DU DÉCRET.	PRÉSIDENT du GOUVERNEMENT de la Défense nationale.	NOMS ET QUALITÉS des MINISTRES NOMMÉS.	MINISTÈRES auxquels CHAQUE MINISTRE est affecté.	ÉVÉNEMENTS se rapportant A LA CONSTITUTION DU CABINET (Tours et Bordeaux) — Délégation de Tours.	Délégation de Bordeaux.
Décret du 4 septembre 1870 signé à Paris.	Général **TROCHU**, Président du Gouvernement de la Défense nationale	MM. **Favre** (Jules).	Affaires étrangères.	Par arrêté du 16 septembre 1870, MM. Glais-Bizoin, membre du Gouvernement, et l'amiral Fourichon, ministre de la Marine, se rendent à Tours, pour y former avec M. Crémieux, ministre de la Justice, la délégation de la Défense nationale dans les départements non occupés par l'ennemi. M. Crémieux exerce, par intérim, les fonctions de ministre de la Guerre à Tours à partir du 3 octobre 1870. Par décret du 7 octobre 1870, M. Gambetta, membre du Gouvernement, ministre de l'Intérieur, est adjoint à la délégation de Tours; parti de Paris dans le ballon l'*Armand-Barbès*, il prend à Tours la direction de la guerre le 10 octobre 1870. Par décret du 11 octobre 1870, M. Charles de Freycinet, ingénieur des mines, ancien chef d'exploitation des chemins de fer du Midi est nommé délégué du ministre auprès du département de la Guerre à Tours. Par décision du 13 décembre 1870, M. le comte de Chaudordy, délégué du Gouvernement à Tours, est chargé des fonctions de ministre des Affaires étrangères du 13 décembre 1870 au 10 mars 1871.	Par décret du 10 décembre 1870, le siège du Gouvernement de la Défense nationale délégué à Tours est transféré à Bordeaux. Le 31 janvier 1871, M. Jules Simon, membre du Gouvernement, ministre de l'Instruction publique, part pour Bordeaux afin d'apporter son concours à la délégation. Il fait à Bordeaux l'intérim du ministère de l'Intérieur du 19 février au 13 mars 1871. Par décret du 6 février 1871, M. Emmanuel Arago, membre du Gouvernement, est nommé ministre de l'Intérieur et ministre de la Guerre par intérim en remplacement de M. Gambetta, et cesse ses fonctions intérimaires le 12 du même mois, lors de l'arrivée du général Le Flô à Bordeaux; il cesse ses fonctions par intérim à l'Intérieur le 18 février 1871.
		Gambetta.	Intérieur.		
		Le Flô, Général.	Guerre.		
		Fourichon, Vice-amiral.	Marine et Colonies.		
		Crémieux.	Justice.		
		Picard (Ernest).	Finances.		
		Simon (Jules).	Instruction publique et Cultes.		
		Dorian.	Travaux publics.		
		Magnin.	Agriculture et Commerce.		
				Dans la séance de l'Assemblée nationale tenue à Bordeaux le 12 mars 1871, la translation de cette Assemblée et du Gouvernement de Bordeaux à Versailles a été adoptée. Le Gouvernement de la Défense nationale à Tours commence le 21 septembre 1870, pour terminer le 11 décembre 1870. Celui de Bordeaux date du 12 décembre 1870 et prend fin le 12 mars 1871.	

DÉMISSION DU CABINET DU 4 SEPTEMBRE 1870

(13 février 1871)

L'Assemblée nationale élue le 8 février 1871, en vertu du décret du 25 janvier précédent, fut constituée à Bordeaux le 12 du même mois, en séance préparatoire, sous la présidence de M. Benoist d'Azy, doyen d'âge. Le premier devoir des nouveaux représentants du pays était de pourvoir à la reconstitution du Gouvernement et de se prononcer à cet égard aussitôt après le choix de leur bureau et la vérification de leur élection.

Mais le Gouvernement de la Défense nationale devait, de son côté, déposer ses pouvoirs entre les mains de la nouvelle Assemblée, et M. Jules Favre prit, dès l'ouverture de la séance du 13 février, la parole en ces termes :

« Depuis que nous avons été chargés du fardeau que nous avons « accepté, notre préoccupation, notre désir ont été de pouvoir arriver « au jour où il nous serait possible de nous trouver en face des manda- « taires du peuple.

« Nous y sommes dans les circonstances les plus douloureuses, mais « grâce à votre patriotisme, à l'union de tous à laquelle nous ne faisons « pas, j'en suis convaincu, un stérile appel, nous arriverons à panser « les plaies et reconstituer l'avenir.

« C'est à vous, Messieurs, qu'appartient cette grande œuvre. Quant « à nous, nous ne sommes plus rien, si ce n'est vos justiciables, prêts « à répondre à tous nos actes, mais aussi persuadés que nous trouve- « verons, dans leur examen, la plus grande loyauté.

« En attendant qu'un pouvoir nouveau soit constitué, j'ai l'honneur « de déposer sur le bureau de la Chambre la déclaration suivante :

« Les membres du Gouvernement de la Défense nationale sous- « signés, tant en leur nom qu'au nom de leurs collègues qui ratifie-

« ront les présentes, ont l'honneur de déposer leurs pouvoirs entre les « mains du président de l'Assemblée nationale; ils resteront à leur « poste pour le maintien de l'ordre et l'exécution des lois jusqu'à ce « qu'ils en aient été régulièrement relevés.

« Chacun des ministres dépose également sa démission sous cette « condition qu'il restera à son poste jusqu'à la nomination de son « successeur. »

Le président répond ainsi qu'il suit :

« Je crois être l'interprète de l'Assemblée en assurant à M. Jules « Favre que nous sommes unanimes dans la pensée et le désir ardent « qu'il nous exprime de voir mettre au plus tôt un terme aux malheurs « de notre pays.

« Je prends en outre acte des démissions des membres de la Défense « nationale et des ministres du 4 septembre 1870. »

POUVOIR EXÉCUTIF DE LA RÉPUBLIQUE FRANÇAISE

(Du 17 février 1871 au 31 août 1871)

M. THIERS, CHEF DU POUVOIR EXÉCUTIF

Dans la séance du 16 février 1871, l'ordre du jour appela la constitution du bureau définitif de la nouvelle Assemblée nationale :

M. Grévy fut nommé président, par 519 voix sur 536; MM. Martel, le comte Benoist d'Azy, Vitet et Léon de Malleville furent proclamés vice-présidents; MM. Baze, général Martin des Pallières, Princeteau, de Castellane et de Meaux furent nommés questeurs; enfin MM. Bethmont, Paul de Rémusat, de Barante et Johnston furent promus secrétaires.

Le lendemain, 17 février, à la suite d'une proposition de M. Keller, concernant la grave question de l'aliénation de l'Alsace-Lorraine, et sur le rapport de M. Victor Lefranc relatif à la constitution immédiate du Pouvoir exécutif, l'Assemblée nationale, dépositaire de l'autorité souveraine, considérant qu'il importait, en attendant qu'il soit statué sur les intentions de la France, de pourvoir dans le plus bref délai aux nécessités du Gouvernement et à la conduite des négociations en vue de la paix, décréta :

« M. Thiers est nommé chef du Pouvoir exécutif de la République
« Française, sous l'autorité de l'Assemblée nationale, avec le concours
« des ministres qu'il aura choisis et qu'il présidera. »

M. Thiers, qui s'était déjà prononcé pour le maintien de la forme républicaine, était évidemment appelé à jouer un rôle prépondérant dans les événements; il avait été élu dans 20 départements, et avait obtenu près d'un million de suffrages. On pouvait en conclure qu'il était véritablement l'homme désigné par la voix populaire pour prendre en main le Pouvoir exécutif. Il était plein de confiance dans les puissantes facultés de sa patrie; aussi, il accepta sans hésitation le fardeau accablant dont la Chambre l'avait chargé, résolu à satisfaire aux aspirations de chacun, mais aussi à résister impérieusement à toute revendication que la sagesse politique pouvait condamner. Le Gouvernement de la Défense nationale, bien que reposant sur un seul homme, parut suffisamment assis pour mériter non seulement l'adhésion de tous les Français, mais encore celle des puissances étrangères qui s'empressèrent de reconnaître le Gouvernement de la République et la nomination de M. Thiers comme chef du Pouvoir exécutif.

Dès le 19 février 1871, M. Thiers composa le deuxième ministère de la IIIe République, ainsi qu'il suit :

FORMATION

DU

Cabinet du 19 février 1871

2° MINISTÈRE DE LA IIIe RÉPUBLIQUE

DATE DU DÉCRET de nomination.	PRÉSIDENT DU CONSEIL des Ministres.	NOMS ET QUALITÉS des MINISTRES NOMMÉS.	MINISTÈRE auquel CHAQUE MINISTRE est affecté.	EN REMPLACEMENT de MM.	MUTATIONS SURVENUES DANS LE CABINET PENDANT SA DURÉE — DATES DES DÉCRETS de nomination.	NOMS ET QUALITÉS des MINISTRES NOMMÉS.	MINISTÈRE auquel CHAQUE MINISTRE est affecté.	EN REMPLACEMENT de MM.	ÉVÉNEMENTS se rattachant A LA CONSTITUTION du Ministère.
	M.	MM. **Dufaure.**	Garde des sceaux, Justice.	**Crémieux.**	5 juin 1871. 5 juin 1871.	MM. **Lambrecht.** **Lefranc** (Victor).	Intérieur. Agriculture et Commerce.	**Picard** (Ernest). **Lambrecht.**	
		Favre (Jules).	Affaires étrangères.	(Renommé.)	5 juin 1871.	Général **de Cissey**.	Guerre.	Général **Le Flô**.	Par décret du 2 septembre 1871, le Président de la République française, en cas d'absence, délègue à l'un ministres le droit de convoquer le Conseil et de le présider. Le ministre délégué portera le titre de Vice-Président du Conseil des ministres.
		Simon (Jules).	Instruction publique et Cultes.	(Renommé.)	2 août 1871.	**De Rémusat** (Charles).	Affaires étrangères.	**Favre** (Jules).	
Décret du 19 février 1871.	**THIERS**, Chef du Pouvoir exécutif de la République Française, Président du Conseil des Ministres, sans portefeuille.	**Picard** (Ernest).	Intérieur.	**Gambetta.**	11 octobre 1871.	**Casimir-Perier.**	Intérieur.	**Lambrecht.**	
		De Larcy.	Travaux publics.	**Dorian.**	6 février 1872. 6 février 1872.	**Lefranc** (Victor). **De Goulard.**	Intérieur. Agriculture et Commerce.	**Casimir-Perier.** **Lefranc** (Victor).	Par décret du 18 mai 1873, le service des Cultes a été séparé du ministère de l'Instruction publique, des Cultes et des Beaux-Arts pour former un ministère.
		Lambrecht.	Agriculture et Commerce.	**Magnin.**	23 avril 1872. 23 avril 1872.	**De Goulard.** **Teisserenc de Bort.**	Finances. Agriculture et Commerce.	**Pouyer-Quertier** **De Goulard.**	
		Le Flô, Général.	Guerre.	(Renommé.)	7 décembre 1872. 7 décembre 1872. 7 décembre 1872.	**De Fourtou.** **De Goulard.** **Say** (Léon).	Travaux publics. Intérieur. Finances.	**De Larcy.** **Lefranc** (Victor). **De Goulard.**	
		Pothuau, Vice-amiral.	Marine et Colonies.	**Fourichon,** Vice-amiral.	18 mai 1873. 18 mai 1873.	**Casimir-Perier.** **Waddington.**	Intérieur. Instruction publique et Beaux-Arts.	**De Goulard.** **Simon** (Jules).	
Décret du 25 février 1871.		**Pouyer-Quertier.**	Finances.	**Picard** (Ernest).	18 mai 1873. 18 mai 1873.	**De Fourtou.** **Bérenger.**	Cultes. Travaux publics.	» **De Fourtou.**	

PRÉSIDENCE DE LA RÉPUBLIQUE FRANÇAISE

M. THIERS, PRÉSIDENT DE LA RÉPUBLIQUE

(Du 31 août 1871 au 25 mai 1873)

La Commission chargée d'examiner la proposition de loi déposée par M. Ravinel, tant en son nom qu'au nom de plusieurs de ses collègues, et relative à l'installation des différents ministères à Versailles et à l'organisation du Gouvernement, confia à M. Cézanne le soin d'établir son rapport, qui fut lu par M. Vitet à la séance de l'Assemblée nationale, le 28 août 1871.

Les auteurs de cette proposition ayant déclaré qu'ils n'entendaient pas rompre le pacte de Bordeaux et qu'il convenait que la République ne soit pas seulement une possession de fait, mais bien une possession de droit, la Commission prit acte de cette déclaration et n'hésita pas à y adhérer. Quant à la question de prorogation des pouvoirs et de leur durée, elle écarta l'idée de la responsabilité absolue du chef de l'Exécutif et se rallia à l'idée que les pouvoirs conférés à ce chef devaient continuer tels qu'ils étaient sans qu'il leur soit assigné d'avance une durée fixe; en conséquence, la Commission rejeta tout délai déterminé et adopta le projet ainsi conçu :

« L'Assemblée nationale,

« Considérant qu'elle a le droit d'user du pouvoir constituant, attribut essentiel de la souveraineté et des devoirs impérieux qu'entraine cette souveraineté, devoir que les circonstances seules l'ont empêché d'accomplir jusqu'à ce jour;

« Considérant que jusqu'à l'accomplissement de ce devoir, il importe à l'intérêt du travail, du commerce et de l'industrie, que nos institutions actuelles reçoivent une stabilité relative;

« Considérant qu'une *appellation plus précise* et une prolongation d'autorité du chef du Pouvoir exécutif peuvent avoir pour effet de contribuer à ce résultat, que la prorogation des pouvoirs du chef de l'Exécutif dégage la responsabilité de l'Assemblée en réservant expressément ses droits souverains,

« Décrète :

« ARTICLE PREMIER. — Le chef du Pouvoir exécutif prendra le titre de *Président de la République* et continuera d'exercer ce pouvoir sous l'autorité de l'Assemblée.

« ART. 2. — Le Président de la République promulgue les lois qui lui sont transmises par l'Assemblée, en assure et surveille l'exécution, nomme et révoque les ministres qui sont responsables devant l'Assemblée. Chacun de ces décrets est contresigné par un ministre.

« ART. 3. — Le Président de la République est seul responsable devant l'Assemblée. »

Ce rapport énumère avec une parfaite exactitude la répartition des pouvoirs entre l'Assemblée et le Pouvoir exécutif et les considérants expriment nettement les conditions dans lesquelles les pouvoirs de M. Thiers doivent être prolongés et jusqu'à un certain point agrandis. Mais, ainsi que l'a déclaré M. Dufaure, président de l'Assemblée, il y manque un témoignage de confiance dans l'homme auquel on va attribuer ce pouvoir; il demande par suite qu'on ajoute aux considérants un paragraphe additionnel ainsi conçu :

« Prenant d'ailleurs en considération les services éminents rendus « au pays par M. Thiers depuis six mois et les garanties qu'il présente « à la sécurité de la France. »

Cette motion est acceptée par l'Assemblée et la discussion, fixée au lendemain 30 août, continue le 31 du même mois, date à laquelle l'Assemblée nationale décrète par 524 voix contre 36 que :

« Le chef du Pouvoir exécutif prendra désormais le titre de *Président de la République Française* et continuera d'exercer, sous « l'autorité de l'Assemblée nationale, tant qu'elle n'aura pas terminé « ses travaux, les fonctions qui lui ont été déléguées par décret du « 7 février 1871. »

A la séance de l'Assemblée nationale du 1er septembre 1871,

M. Thiers, Président de la République, lut un message dans lequel il déclara que, profondément uni à l'Assemblée, il s'efforcera de panser les plaies du pays et de le rendre le plus tôt possible libre, bien ordonné, pacifié au dedans et au dehors, affranchi de l'invasion étrangère et de plus, honoré, aimé, s'il est possible, des nations des deux mondes.

Ce message fut accueilli par d'immenses applaudissements.

M. Thiers, Président de la République, conserva le ministère tel qu'il l'avait constitué précédemment.

DÉMISSION DE M. THIERS

ET DU CABINET DU 19 FÉVRIER 1871

(24 mai 1873)

L'Assemblée nationale venait, après six semaines de vacances, de reprendre ses séances, et les dernières élections partielles prouvaient que la France, exprimant franchement ses sentiments républicains, ne voulait plus d'équivoque. — Le Gouvernement, par suite, devait s'engager dans la direction qui lui était indiquée; aussi, M. Thiers, en s'adressant aux membres les plus modérés du centre gauche pour reconstituer un ministère plus homogène, ne fit qu'entrer davantage en communauté d'idées et de principes avec la majorité de la nation. Par suite, le 18 mai 1873, les modifications suivantes furent décrétées parmi les membres du Cabinet : M. Casimir-Perier fut désigné pour prendre le portefeuille de l'Intérieur, M. Bérenger succéda aux Travaux publics à M. de Fourtou, qui prit la direction du ministère des Cultes et enfin M. Waddington fut chargé de l'Instruction publique.

Cette reconstitution du ministère donna lieu, dès la séance du 19 mai, à une demande d'interpellation déposée par M. Changarnier et signée par 320 membres ; elle était ainsi conçue :

« Les soussignés, convaincus que la gravité de la situation exige à « la tête des affaires un Cabinet dont la fermeté rassure le pays, « demandent à interpeller le ministère sur les dernières modifications « qui viennent d'être opérées dans son sein et sur la nécessité de « faire prévaloir dans le gouvernement une politique résolument con- « servatrice, et proposent de fixer au vendredi 23 mai le jour de l'in- « terpellation. »

Cette interpellation à l'adresse de M. le Président de la République et de ses ministres avait été signée par les députés de la droite. Ces derniers ne voulurent pas écouter le projet de loi sur l'organisation des pouvoirs publics déposé par M. Dufaure, qui eût été comme l'organe par lequel se serait fait entendre la voix du pays.

Dès le vendredi 23 mai 1873, M. Dufaure, Garde des sceaux, vice-président du Conseil, communique à l'Assemblée la délibération suivante prise en Conseil des ministres :

« Le Conseil des ministres, après en avoir délibéré, déclare que « l'interpellation déposée dans la séance du 19 de ce mois, se rattachant à la politique générale du Gouvernement et engageant ainsi « la responsabilité du Président de la République, le *Président exercera le droit de prendre part à la discussion*, droit qui résulte pour « lui des dispositions de l'article 4 de la loi du 13 mars 1873. »

A cette séance, l'ordre du jour appelait du reste la discussion de l'interpellation concernant les dernières modifications ministérielles et la politique intérieure. Cette interpellation, dont les termes sont énoncés ci-dessus, portait sur deux choses :

1° La nécessité reconnue par les signataires de voir à la tête des affaires un Cabinet dont la fermeté rassurât le pays.

2° L'impatience éprouvée par eux de savoir si le Cabinet actuel, avec ses dernières modifications, répondait à cette dernière nécessité.

M. de Broglie défendit l'interpellation, s'éleva contre la possibilité révélée par les dernières élections de voir arriver dans un délai plus ou moins prochain le parti radical à la tête des affaires par voie du suffrage universel, et enfin demanda quelle était la tendance du Cabinet. — Était-ce la politique de résistance par tous les moyens légaux au parti radical? Était-ce la politique de concessions et de compromis?

Et il termina par cette phrase : « Si les contemporains sont sou- « vent flatteurs, la postérité est impitoyable pour les Gouvernements « et les ministres qui livrent la société qu'ils sont chargés de dé- « fendre. »

M. Dufaure, répondant au nom du Gouvernement, proposa, sur l'invitation de M. Raoul Duval, de décider que M. le Président de la République serait entendu sur une question aussi grave, et on fixa au lendemain l'heure à laquelle M. Thiers se présenterait à la tribune.

Le lendemain samedi, 24 mai, M. Thiers prononça un grand discours politique dans lequel il revendiqua avec une légitime fierté la responsabilité qu'il assumait tout entière, et où il déroula le tableau de tous ses actes. — C'est un remarquable plaidoyer éloquemment soutenu à la tribune où l'orateur, répondant à l'attaque personnelle de M. de Broglie, lui adressa les paroles suivantes :

« Si la majorité devenait telle que vous la désirez, c'est que vous « auriez accepté d'avance un patronage que votre illustre père aurait « répudié et que vous seriez devenu un protégé de l'empire. » (Voir l'*Officiel* du 24 mai 1873.)

A la suite de la discussion de l'interpellation de M. Changarnier, trois ordres du jour furent mis en présence :

Le premier, provenant de la droite et présenté par M. Ernoul, ainsi conçu :

« L'Assemblée nationale, considérant que la forme du Gouvernement « n'est pas en discussion, que l'Assemblée est saisie des lois constitu- « tionnelles présentes en vertu d'une de ses décisions et qu'elle doit « examiner ;

« Mais que, dès aujourd'hui, il importe de rassurer le pays, en fai- « sant prévaloir dans le Gouvernement une politique résolument « conservatrice, regrette que les récentes modifications apportées « au Cabinet n'aient pas donné aux intérêts conservateurs la satisfac- « tion qu'ils avaient le droit d'attendre et passe à l'ordre du jour. »

Le deuxième, présenté par M. Turquet, est sans intérêt, puisqu'il n'a reçu aucune suite.

Enfin l'ordre du jour pur et simple présenté par M. Denormandie. Le Gouvernement se rallia à ce dernier, qui fut repoussé par 362 voix contre 348.

La Chambre donna ensuite la priorité à l'ordre du jour de M. Ernoul, qui fut adopté par 360 voix contre 344.

En présence de l'adoption par la majorité de l'Assemblée du vote de blâme contenu dans l'ordre du jour motivé par M. Ernoul, M. Thiers crut devoir adresser, le même jour, 24 mai, à l'Assemblée nationale, par voie de message, sa démission, qui fut accueillie silencieusement et sans démonstration, puis acceptée par 368 voix contre 339.

La démission des ministres suivit immédiatement celle du Président de la République et à la même date.

NOMINATION

DE M. LE MARÉCHAL DE MAC-MAHON, DUC DE MAGENTA

EN QUALITÉ

DE PRÉSIDENT DE LA RÉPUBLIQUE FRANÇAISE

(Du 25 mai 1873 au 30 janvier 1879)

A la suite de la démission de M. Thiers, on procéda dans la séance de la Chambre des députés du 25 mai 1873, à la nomination d'un nouveau Président de la République.

Le résultat du scrutin relatif à ce vote a été le suivant :

Nombre de votants........	392
Bulletin blanc..	1
Suffrages exprimés....................................	391
Majorité absolue.......................................	192

M. le maréchal de Mac-Mahon ayant obtenu 390 voix contre une donnée à M. Grévy, fut proclamé Président de la République et élu pour sept ans.

Le nouveau Président de la République se trouve exactement dans les mêmes conditions légales et constitutionnelles que son prédécesseur, il n'y a aucune modification dans les institutions existantes.

Les députés chargés d'annoncer son élection au maréchal de Mac-Mahon durent, pour vaincre sa résistance et ses objections, faire un énergique appel à son esprit de dévouement au pays. — Un message du nouveau Président fut lu le 26 mai à la Chambre des députés. Le Maréchal y déclarait formellement que le Gouvernement devait être et serait énergiquement et résolument conservateur.

Il fut convenu que les ministres actuels, tout en donnant leur démission par suite du changement de Président de la République, continueraient à exercer leurs fonctions jusqu'à ce qu'un nouveau ministère fût formé.

Il y a eu sous la présidence de M. le maréchal de Mac-Mahon neuf ministères, dont le premier était le troisième de la IIIe République.

FORMATION

DU

Cabinet du 25 mai 1873

PROROGATION DES POUVOIRS DU MARÉCHAL DE MAC-MAHON

DÉMISSION

DU

Cabinet du 25 mai 1873

3e MINISTÈRE DE LA IIIe RÉPUBLIQUE

1er Cabinet formé sous le maréchal de Mac-Mahon, Président.

DATE DU DÉCRET de nomination.	VICE-PRÉSIDENT DU CONSEIL des Ministres.	NOMS ET QUALITÉS des MINISTRES NOMMÉS	MINISTÈRE auquel CHAQUE MINISTRE est affecté.	EN REMPLACEMENT de MM.	ÉVÉNEMENTS se rattachant A LA CONSTITUTION du Ministère.
Décret du 25 mai 1873 signé à Versailles.	M. le Duc DE BROGLIE, Ministre des Affaires étrangères.	MM. **Duc de Broglie,** Membre de l'Assemblée nationale, membre de l'Académie française.	Affaires étrangères.	**Comte de Rémusat.**	Par décret du 25 mai 1873, le ministère des Cultes est réuni au ministère de l'Instruction publique et des Beaux-arts dont il avait été séparé par décret du 18 mai 1873.
		Ernoult, Membre de l'Assemblée nationale.	Garde des sceaux Justice.	**Dufaure.**	
		Beulé, Membre de l'Assemblée nationale.	Intérieur.	**Casimir-Perier**	
		Magne, Membre de l'Assemblée nationale.	Finances.	**Say** (Léon).	
		Général **De Cissey.**	Guerre.	(Renommé).	
		Vice-amiral **de Dompierre d'Hornoy,** Membre de l'Assemblée nationale.	Marine et Colonies.	**Pothuau,** Vice-amiral.	
		Batbie, Membre de l'Assemblée nationale.	Instruction publique, Cultes et Beaux-arts.	**Waddington** et **de Fourtou.**	
		Deseilligny, Membre de l'Assemblée nationale.	Travaux publics.	**Bérenger.**	
		De la Bouillerie, Membre de l'Assemblée nationale.	Agriculture et Commerce.	**Teisserenc de Bort.**	

PROROGATION POUR SEPT ANS DES POUVOIRS

DE M. LE MARÉCHAL DE MAC-MAHON

PRÉSIDENT DE LA RÉPUBLIQUE

DÉMISSION DU CABINET DU 25 MAI 1873

(24 novembre 1873)

Aussitôt après la lecture, à la séance de l'Assemblée nationale du 5 novembre 1873, du message de M. le maréchal de Mac-Mahon, une proposition fut déposée par M. le général Changarnier et divers députés, ainsi conçue :

« Le Pouvoir exécutif est confié pour dix ans au maréchal de « Mac-Mahon, à partir de la promulgation de la présente loi ;

« Le pouvoir continuera à être exercé dans les conditions actuelles « jusqu'aux modifications qui pourraient y être apportées par les lois « constitutionnelles ;

« Une commission de trente membres sera nommée sans délai, en « séance publique et au scrutin de liste, pour l'examen des lois constitutionnelles. »

M. de Goulard demande l'urgence ; elle est appuyée par M. le duc de Broglie, ministre des Affaires étrangères ; mais la Chambre décida qu'une Commission serait immédiatement formée pour l'examen de cette proposition; elle eut pour président, M. de Rémusat, et pour secrétaire, M. Bethmont.

Le rapport de la Commission chargée d'examiner la proposition était attendu avec d'autant plus d'impatience qu'il devait avoir pour résultat d'exposer le droit que le mandataire peut avoir de conserver le pouvoir quand le mandant n'existe plus.

L'ordre du jour de la séance du 17 novembre 1873 appela la discussion de la proposition de M. le général Changarnier ; M. Laboulaye, rapporteur de la Commission, lut son rapport dont les conclusions donnèrent lieu à la proposition de loi suivante :

Article premier. — Les pouvoirs du maréchal de Mac-Mahon, Président de la République, lui sont continués pour une période de cinq ans, au delà du jour de la réunion de la prochaine législature.

Art. 2. — Ces pouvoirs s'exerceront dans les conditions actuelles jusqu'au vote des lois constitutionnelles.

Art. 3.— La disposition, énoncée à l'article premier, prendra place dans les lois organiques et n'aura le caractère constitutionnel qu'après le vote de ces lois.

Art. 4. — Dans les trois jours qui suivront la promulgation de la présente loi, une Commission de trente membres sera nommée dans les bureaux, pour l'examen des lois constitutionnelles présentées à l'Assemblée nationale les 19 et 20 mai 1873.

Mais, dès le début de cette même séance, M. de Broglie, président du Conseil des ministres, donna lecture d'un nouveau message de M. le maréchal de Mac-Mahon, dans lequel le Président de la République exprimait la conviction qu'un délai de sept ans répondrait suffisamment aux exigences de l'intérêt général et serait plus en rapport avec les forces qu'il pourrait consacrer au pays. — Il déclara en outre qu'il userait des pouvoirs qui lui seront confiés pour la défense des idées conservatrices.

M. Jules Simon, protestant contre les idées monarchiques de la Chambre, tint en suspens par son éloquence l'attention de tous, même celle de ses adversaires politiques. Il prouva, en rappelant les faits accomplis de l'histoire, que la prorogation d'un pouvoir et la fixité d'avance de sa durée ne sauraient lui donner plus de force ; il prétendit que les conservateurs devaient constituer la République ou se résoudre à la dissolution, mais surtout éviter le *statu quo* avec ses inconvénients.

Il n'y a, selon l'orateur, que deux formes possibles de Gouvernement, la Monarchie ou la République. « Vous avez essayé, s'écria-t-il « de faire la première, vous n'avez pu et ne sauriez réussir. Or, vous « avez la République, mais une République provisoire, il s'agit de la « consacrer par un vote définitif. »

Ce discours ne rencontra pas de contradicteurs sérieux.

Néanmoins le grande débat provoqué par la proposition de M. le général Changarnier se termina par la victoire du Gouvernement.

Le président donna lecture de l'article 1er du contre-projet ainsi conçu :

« Le Pouvoir exécutif est confié pour sept ans au maréchal de Mac-
« Mahon, duc de Magenta, à partir de la promulgation de la présente
« loi. Ce pouvoir continuera à être exercé avec le titre de Président
« de la République et dans les conditions actuelles, jusqu'aux modi-
« fications qui pourraient être apportées aux lois constitutionnelles. »

Cet article fut adopté par 383 voix contre 317 sur 700 votants, et l'ensemble du projet fut voté ainsi qu'il suit :

Nombre de votants	688
Majorité absolue	345
Pour l'adoption	378
Contre	310

En conséquence, la durée des pouvoirs de M. le maréchal de Mac-Mahon, Président de la République, fut fixée pour sept ans, à partir du 20 novembre 1873, date de la promulgation de la loi.

A la suite de la discussion de la proposition du général Changarnier et de la fixation de durée des pouvoirs de M. le maréchal de Mac-Mahon, les ministres donnèrent leurs démissions, le 24 novembre 1873.

NOMINATION ET DÉMISSION

DU

Cabinet du 26 novembre 1873

4e MINISTÈRE DE LA IIIe RÉPUBLIQUE

2e Cabinet formé sous le maréchal de Mac-Mahon, Président.

DATE DU DÉCRET de nomination.	VICE-PRÉSIDENT DU CONSEIL des Ministres.	NOMS ET QUALITÉS des MINISTRES NOMMÉS	MINISTÈRE auquel CHAQUE MINISTRE est affecté.	EN REMPLACEMENT de MM.	ÉVÉNEMENTS se rattachant A LA CONSTITUTION du Ministère.
Décret du 26 novembre 1873 signé à Versailles.	M. le Duc DE BROGLIE, Ministre de l'Intérieur.	MM. **Duc de Broglie,** Membre de l'Assemblée nationale, Membre de l'Académie française.	Intérieur.	**Beulé.**	
		Depeyre, Membre de l'Assemblée nationale.	Garde des sceaux, Justice.	**Ernoul.**	
		Duc Decazes, Membre de l'Assemblée nationale, ambassadeur à Londres.	Affaires étrangères.	**Duc de Broglie.**	
		Magne, Membre de l'Assemblée nationale.	Finances.	(Renommé.)	
		Général **Du Barrail.**	Guerre.	**De Cissey,** Général.	
		Vice-amiral **De Dompierre d'Hornoy,** Membre de l'Assemblée nationale.	Marine et Colonies.	(Renommé.)	
		De Fourtou, Membre de l'Assemblée nationale.	Instruction publique, Cultes et Beaux-arts.	**Batbie.**	
		Baron de Larcy, Membre de l'Assemblée nationale.	Travaux publics.	**Deseilligny.**	
		Deseilligny, Membre de l'Assemblée nationale.	Agriculture et Commerce.	**De la Bouillerie.**	

DÉMISSION DU CABINET DU 26 NOVEMBRE 1873

(16 mai 1874)

A la séance de l'Assemblée nationale du 16 mai 1874, présidée par M. Buffet, nouvellement élu pour la cinquième fois président, M. Batbie, au nom de la Commission des lois constitutionnelles, demanda à l'Assemblée de mettre à son ordre du jour du mercredi suivant, la première lecture de la loi électorale. M. Théry, sans contester l'importance de loi électorale politique, proposa à l'Assemblée de mettre également à son ordre du jour la loi municipale et de lui donner la priorité.

M. Raudot fut d'avis qu'il y avait intérêt à mettre la loi municipale à l'ordre du jour avant la loi électorale : mais, ajouta l'orateur, « le ministère croit que la loi électorale doit être discutée la première et paraît en faire une question de confiance ; aussi j'ai l'intention de proposer, comme contre-projet, le projet de loi municipale élaboré par la Commission de décentralisation, afin que l'existence du Cabinet ne soit pas mise en jeu sur une question de priorité. »

M. le duc de Broglie, vice-président du Conseil, appuya au nom du Gouvernement la demande faite par le rapporteur de la Commission des lois constitutionnelles, consistant à mettre à l'ordre du jour la loi électorale politique.

L'Assemblée fut consultée sur la question de priorité à donner à la loi électorale politique.

A la majorité de 381 voix contre 317 sur 698 votants, l'Assemblée n'adopta pas la priorité pour la loi électorale politique. A la suite de ce vote et aussitôt après la séance, tous les ministres remirent leurs démissions entre les mains de M. le Président de la République.

La bataille parlementaire livrée à la séance du 16 mai 1874 a été fatale au Cabinet, malgré les efforts qui avaient été faits la veille pour rétablir l'accord entre le ministère et l'extrême droite. M. le duc de Broglie, vice-président du Conseil, avait déposé d'ailleurs à la séance du 15 mai un projet de loi relatif à la création et aux attributions d'une Chambre et rédigé avec son habileté ordinaire. On remarquait, dans cet exposé, qu'à l'expiration du septennat, et même avant, si le pouvoir devenait vacant, l'Assemblée devait rentrer dans la plénitude de ses droits, c'est-à-dire qu'élle redeviendrait constituante.

Ce projet, qui fut renvoyé à la Commission des lois constitutionnelles, eut pour conséquence la création ultérieure du Sénat.

NOMINATION ET DÉMISSION

DU

Cabinet du 22 mai 1874

5° MINISTÈRE DE LA III° RÉPUBLIQUE

3° Cabinet formé sous le maréchal de Mac-Mahon, Président.

DATE DU DÉCRET de nomination.	VICE PRÉSIDENT DU CONSEIL des Ministres.	NOMS ET QUALITÉS des MINISTRES NOMMÉS.	MINISTÈRE auquel CHAQUE MINISTRE est affecté.	EN REMPLACEMENT de MM.	MUTATIONS SURVENUES DANS LE CABINET PENDANT SA DURÉE — DATE DES DÉCRETS de nomination.	NOMS ET QUALITÉS des MINISTRES NOMMÉS.	MINISTÈRE auquel CHAQUE MINISTRE est affecté.	EN REMPLACEMENT de MM.	ÉVÉNEMENTS se rattachant A LA CONSTITUTION du Ministère.
Décret du 22 mai 1874 signé à Versailles.	DE CISSEY, Général, Ministre de la Guerre.	MM. **De Cissey,** Général, Membre de l'Assemblée nationale.	Guerre.	**Du Barrail,** Général.		MM.			
		Tailhaud, Membre de l'Assemblée nationale.	Garde des sceaux, Justice.	**Depeyre.**					
		Duc Decazes, Membre de l'Assemblée nationale.	Affaires étrangères.	(Renommé.)					
		De Fourtou, Membre de l'Assemblée nationale.	Intérieur.	**Duc de Broglie.**	20 juillet 1874.	**Baron de Chabaud-Latour,** Général, vice-président de l'Assemblée nationale.	Intérieur.	**De Fourtou.**	
		Magne, Membre de l'Assemblée nationale.	Finances.	(Renommé.)	20 juillet 1874.	**Bodet** (Pierre-Mathieu), Membre de l'Assemblée nationale.	Finances	**Magne.**	
		Marquis de Montaignac, Contre-amiral, Membre de l'Assemblée nationale.	Marine et colonies.	**De Dompierre d'Hornoy,** Vice-amiral.					
		Vicomte de Cumont, Membre de l'Assemblée nationale.	Instruction publique, Cultes et Beaux-arts.	**De Fourtou.**					
		Caillaux, Membre de l'Assemblée nationale.	Travaux publics.	**Baron de Larcy.**					
		Grivart, Membre de l'Assemblée nationale.	Agriculture et Commerce.	**Deseilligny.**					

DÉMISSION DU CABINET DU 22 MAI 1874

(7 janvier 1875)

Le Président de la République adressa à l'Assemblée nationale un nouveau message relatif à la grave question des lois constitutionnelles qui devait être comme le complément nécessaire du pouvoir exercé par le maréchal de Mac-Mahon en vertu de la loi du 20 novembre 1873. Ce message fut lu dès l'ouverture de la séance du 6 janvier 1875 par M. Grivart, ministre de l'Agriculture et du Commerce.

Aussitôt après la lecture de ce document, M. Batbie, président de la Commission des lois constitutionnelles, demanda de mettre à l'ordre du jour, après la deuxième lecture de la loi sur les cadres de l'armée, les lois sur l'organisation des pouvoirs publics et la loi sur le Sénat.

La Commission l'avait chargé de demander la priorité pour la loi sur le Sénat, en laissant en deuxième ligne la loi sur l'organisation des pouvoirs publics.

La raison principale, qui avait décidé la Commission à agir ainsi, lui avait été inspirée par le texte même de la loi projetée, ainsi conçu : « Le projet de loi sur la transmission des pouvoirs décide que, dans « le cas de vacance du pouvoir, il y sera pourvu par un congrès « composé des deux Chambres. »

La Commission, du reste, concluait ainsi :

1° Mettre à l'ordre du jour, après la loi des cadres, les lois constitutionnelles ;

2° Donner la priorité à la loi sur le Sénat.

M. Laboulaye, intervenant alors au nom d'un groupe d'amis politiques, exposa les raisons pour lesquelles il demandait la priorité pour la loi sur l'organisation et la transmission des pouvoirs. — « Dans cette grave question, j'écarte la personne de M. le Président de la République, dit M. Laboulaye, car elle ne saurait être atteinte par la discussion ; mais il m'est difficile d'admettre que l'on puisse commencer par la loi sur le Sénat qui ne saurait être faite que par un Gouvernement établi sur des bases solides. Or, le pays est las du provisoire, il lui faut au plus tôt un Gouvernement défini, perpétuel... C'est sur ce terrain que nous devons nous donner un premier rendez-vous. »

Cet éminent orateur mit dans son discours au service des principes constitutionnels une éloquence tempérée par les plus solides arguments.

M. Jules Simon prit ensuite la parole dans le même sens et fit connaître qu'il ne comprenait pas que l'on perpétuât ainsi l'incertitude.

M. le général de Chabaud-Latour, ministre de l'Intérieur, proposa, au nom du Gouvernement et d'accord avec la Commission, de commencer par les lois relatives à l'organisation du Sénat.

Le débat préliminaire ne portait en réalité que sur une question de procédure.

Après discussion, l'Assemblée fut consultée par le président au sujet :

1° De la mise à l'ordre du jour, après la deuxième délibération de la loi des cadres, de la discussion des lois constitutionnelles ;

2° De la priorité à donner à la loi d'organisation du Sénat.

La Chambre décida que cette priorité ne serait pas donnée à la loi d'organisation du Sénat.

Ce vote fut un premier succès pour le centre gauche, il justifiait sa politique et récompensait ses efforts.

A la suite de ce vote qui impliquait nécessairement la mise à l'ordre du jour de la loi sur les pouvoirs publics après la discussion de la loi sur les cadres, les ministres ont donné leur démission entre les mains du Président de la République, le 7 janvier 1875. — Cette démission fut acceptée en principe, mais le Président de la République pria les ministres de conserver l'administration de leur département respectif en attendant la formation d'un nouveau Cabinet. A la suite de la séance du 24 janvier 1875, le Président de la République prit le parti de charger M. Buffet de former un ministère, qui ne fut définitivement constitué que le 10 mars 1875.

NOMINATION ET DÉMISSION

DU

Cabinet du 10 mars 1875

6e MINISTÈRE DE LA IIIe RÉPUBLIQUE

4e Cabinet formé sous le maréchal de Mac-Mahon, Président.

DATE DU DÉCRET de nomination.	VICE-PRÉSIDENT DU CONSEIL des Ministres.	NOMS ET QUALITÉS des MINISTRES NOMMÉS	MINISTÈRE auquel CHAQUE MINISTRE est affecté.	EN REMPLACEMENT de MM.	ÉVÉNEMENTS se rattachant A LA CONSTITUTION du Ministère.
Décret du 10 mars 1875 signé à Versailles.	M. BUFFET, Ministre de l'Intérieur.	MM. **Buffet,** Président de l'Assemblée nationale.	Intérieur.	**De Chabaud-Latour,** Général.	
		Dufaure, Membre de l'Assemblée nationale.	Garde des sceaux, Justice.	**Tailhaud.**	
		Duc Decazes, Membre de l'Assemblée nationale.	Affaires étrangères.	(Renommé.)	
		Say (Léon), Membre de l'Assemblée nationale.	Finances.	**Bodet** (Mathieu).	
		De Cissey, Général, Membre de l'Assemblée nationale.	Guerre.	(Renommé.)	
		Contre-amiral **Marquis de Montaignac,** Membre de l'Assemblée nationale.	Marine et Colonies.	(Renommé.)	
		Wallon, Membre de l'Assemblée nationale.	Instruction publique, Cultes et Beaux-arts.	**Vicomte de Cumont.**	
		Caillaux, Membre de l'Assemblée nationale.	Travaux publics.	(Renommé.)	
		Vicomte de Meaux, Membre de l'Assemblée nationale.	Agriculture et Commerce.	**Grivart.**	

DÉMISSION DU CABINET DU 10 MARS 1875

(9 mars 1876)

La législature de l'Assemblée nationale élue le 8 février 1871 touchait à sa fin, et son président, M. le duc d'Audiffret-Pasquier, avait clos le 31 décembre 1875 la dernière session par une remarquable allocution dans laquelle il rendit un juste hommage au patriotisme de la troisième Assemblée constituante. Avant de se séparer, on procéda d'ailleurs à l'élection d'une commission de permanence, composée de vingt-cinq membres qui devait fonctionner jusqu'aux nouvelles élections législatives.

Le même jour, M. J. Simon prononça, à la dernière séance de la réunion de la gauche républicaine, un discours où se trouve exposée avec autant de clarté que de modération la conduite suivie par ce groupe parlementaire pendant cette législature de cinq années si laborieuse et si féconde.

D'un autre côté, les élections sénatoriales avaient eu lieu le 30 janvier 1875 et celles pour le renouvellement de l'Assemblée nationale venaient de donner le 20 février suivant de nouveaux mandataires au pays.

Aussitôt que le résultat de ces dernières élections fut connu, un décret, portant la date du 24 février, chargea M. Dufaure, Garde des sceaux, ministre de la Justice, de remplir les fonctions de président du Conseil des ministres, en remplacement de M. Buffet, démissionnaire. M. Dufaure devait, en outre, faire l'intérim du ministère de l'Intérieur devenu vacant.

Cette démission était la conséquence forcée des élections nouvelles, où le parti républicain avait obtenu de nouveaux sièges; le maréchal de Mac-Mahon ne fit du reste aucun effort pour retenir M. Buffet. On sentait de part et d'autre que le président du Conseil ne pouvait rester aux affaires, ne fût-ce que quelques jours. Il était d'ailleurs difficile de réorganiser le ministère avant l'achèvement des élections, et la solution intermédiaire à laquelle on venait de s'arrêter était la meilleure.

Cependant la crise ministérielle n'en était pas moins ouverte et bien que les démissions de M. Buffet et de M. le vicomte de Meaux, ministre de l'Agriculture et du Commerce, fussent seules officielles, le Cabinet du 10 mars 1875 n'existait plus; on pouvait le considérer comme démissionnaire par le fait même des événements.

Toutefois sa démission ne porte officiellement que la date du 9 mars 1876. Le nouveau Cabinet constitué le même jour, était avant tout un ministère centre gauche. Avec une homogénéité parfaite, il était résolu à administrer le pays dans un sens fermement républicain, conformément à l'esprit de la Constitution et la volonté de la nation qui venait la veille d'exprimer ses sentiments d'une façon si précise. Son existence ne devait pas être cependant de longue durée.

Dans l'organisation du Cabinet du 9 mars 1876, on remarque une innovation assez importante; jusqu'à ce jour, depuis le 24 mai 1873, le chef du Cabinet n'avait porté que le titre de vice-président du Conseil; aujourd'hui M. Dufaure reçoit celui de président du Conseil qui appartenait virtuellement au maréchal de Mac-Mahon sous le régime provisoire créé le 20 novembre 1873.

La Constitution du 25 février, en conférant au chef de l'État des pouvoirs absolument indépendants de ceux du Parlement et en le couvrant de l'irresponsabilité, exigeait qu'il fût placé complètement en dehors du ministère actuellement seul responsable.

NOMINATION ET DÉMISSION

DU

Cabinet du 9 mars 1876

7e MINISTÈRE DE LA IIIe RÉPUBLIQUE

5e Cabinet formé sous le maréchal de Mac-Mahon, Président.

DATE DU DÉCRET de nomination.	PRÉSIDENT DU CONSEIL des Ministres.	NOMS ET QUALITÉS des MINISTRES NOMMÉS.	MINISTÈRE auquel CHAQUE MINISTRE est affecté.	EN REMPLACEMENT de MM.	MUTATIONS SURVENUES DANS LE CABINET PENDANT SA DURÉE				ÉVÉNEMENTS se rattachant A LA CONSTITUTION du Ministère.
					DATES DES DÉCRETS de nomination.	NOMS ET QUALITÉS des MINISTRES NOMMÉS.	MINISTÈRE auquel CHAQUE MINISTRE est affecté.	EN REMPLACEMENT de MM.	
Décret du 9 mars 1876 signé à Versailles.	M. **DUFAURE,** Garde des sceaux, Ministre de la Justice et des Cultes.	MM. **Dufaure,** Membre de la Chambre des Députés.	Garde des sceaux, Justice et Cultes.	(Renommé.)		MM.			Par décret signé à Versailles le 9 mars 1876 l'administration des Cultes est détachée du ministère de l'Instruction publique, des Cultes et des Beaux-arts et est réunie au ministère de la Justice.
		Duc Decazes, Membre de la Chambre des Députés.	Affaires étrangères.	(Renommé.)					
		Ricard (Pierre), Ancien membre de l'Assemblée nationale.	Intérieur.	**Buffet.**	15 mai 1876.	**De Marcère,** Membre de la Chambre des Députés, secrétaire d'État au Ministère de l'Intérieur.	Intérieur.	**Ricard.**	
		Say (Léon), Sénateur.	Finances.	(Renommé.)					
		De Cissey, Général, Sénateur.	Guerre.	(Renommé.)	15 août 1876.	**Berthaut,** Général de division.	Guerre.	**De Cissey,** Général.	
		Fourichon, Vice-amiral.	Marine et Colonies.	**Marquis de Montaignac,** Contre-amiral.					
		Waddington, Sénateur, Membre de l'Institut.	Instruction publique et Beaux-Arts.	**Wallon.**					
		Christophle, Membre de la Chambre des Députés.	Travaux publics.	**Caillaux.**					
		Teisserenc de Bort, Sénateur.	Agriculture et Commerce.	**Vicomte de Meaux.**					

DÉMISSION DU CABINET DU 9 MARS 1876

(3 décembre 1876)

Le 27 juin 1876, M. le maréchal de Mac-Mahon, Président de la République, avait adressé à M. le ministre de la Guerre une lettre par laquelle il l'invitait à mettre fin un terme aux poursuites dirigées contre les personnes ayant pris part à l'insurrection de la Commune. Cette lettre manifestait des intentions généreuses, répondait au sentiment général, et fut contresignée par le président du Conseil et les ministres. Les deux Chambres l'avaient d'ailleurs approuvée et sanctionnée en repoussant l'amnistie.

Le vendredi 1er décembre 1876, l'ordre du jour appelait au Sénat la discussion sur la proposition précédemment votée par la Chambre des députés, ayant pour objet de mettre fin aux poursuites pour faits relatifs à l'insurrection de la Commune.

La commission voulait la clémence, ainsi que le demandait la lettre du Maréchal, mais elle ne reconnaissait pas la nécessité des garanties légales. Sur la demande de M. Paris, son rapporteur, l'urgence fut déclarée. M. le général Changarnier demanda que la proposition fût repoussée. M. Berthaut trouva certainement que l'œuvre de la répression devait être terminée, non pour ceux qui ont commis des crimes de droit commun, mais seulement pour les acteurs subalternes. « On allègue que la proposition de loi, dit-il, est une amnistie partielle déguisée, mais il ne s'agit pas d'amnistie, puisqu'elle a été repoussée par le Sénat et la Chambre des députés ; cette fois le gouvernement qui a contresigné la lettre du Maréchal *n'a pas cru devoir s'effacer.* » M. Berthaut insista sur les considérations relatives à la prescription et termina en conjurant le Sénat de se montrer favorable à l'adoption du projet de loi, qui assurait la conciliation en même temps que la paix publique. M. Tolain, faisant appel aux souvenirs du 2 Décembre, combattit les conclusions de la commission et dit que, « si le voile de l'oubli a été jeté sur les méfaits des membres des commissions mixtes, on ne saurait montrer plus de rigueur pour les soldats inconscients de la Commune. »

M. Dufaure, Garde des sceaux, ministre de la Justice et des Cultes, déclara que le Gouvernement se ralliait à l'amendement de M. Berthaut; il ne voit dans cet amendement rien qui soit en contradiction avec l'acte du chef de l'État; il en est, au contraire, selon lui, la consécration légale et continuera à atteindre le but proposé : « Apaiser et rassurer ».

Le Gouvernement verrait avec satisfaction l'adoption d'un amendement qui n'est qu'un hommage rendu à la lettre du Président de la République et qui la consacrera d'une manière définitive.

M. Paris, rapporteur de la commission, combattit cet amendement. « Nous voulons la clémence, dit-il, nous approuvons la lettre du Maréchal, mais nous n'avons pas besoin de garanties légales contre cette lettre. »

Le Sénat, entendu sur la question de savoir s'il doit passer à la discussion des articles, procède au dépouillement du scrutin dont le résultat est le suivant :

Votants	292
Majorité absolue	147
Bulletin blancs	136
Bulletins bleus	156

Le Sénat ayant déclaré par ce vote qu'il ne passera pas à la discussion des articles le Cabinet crut devoir remettre sa démission entre les mains du Président de la République, le 3 décembre 1876

NOMINATION ET DÉMISSION

DU

Cabinet du 12 décembre 1876

8e MINISTÈRE DE LA IIIe RÉPUBLIQUE

6e Cabinet formé sous le maréchal de Mac-Mahon, Président.

DATE DU DÉCRET de nomination.	PRÉSIDENT DU CONSEIL des Ministres.	NOMS ET QUALITÉS des MINISTRES NOMMÉS	MINISTÈRE auquel CHAQUE MINISTRE est affecté.	EN REMPLACEMENT de MM.	ÉVÈNEMENTS se rattachant A LA CONSTITUTION du Ministère.
Décret du 12 décembre 1876 signé à Versailles.	M. **SIMON** Jules, Ministre de l'Intérieur.	MM. **Simon** (Jules), Sénateur.	Intérieur.	**De Marcère.**	Les démissions présentées par MM. les ministres : des Affaires étrangères, des Finances, de la Guerre, de la Marine et des Colonies, de l'Instruction publique et des Beaux-arts, des Travaux publics et de l'Agriculture et du Commerce, n'ayant pas été acceptées, MM. le duc Decazes, Léon Say, le général Berthaut, l'amiral Fourichon, Waddington, Christophle et Teisserenc de Bort, conservent leur portefeuille réciproque.
		Martel, Sénateur, vice-président du Sénat.	Garde des sceaux, Justice.	**Dufaure.**	

DÉMISSION DU CABINET DU 12 DÉCEMBRE 1876

(16 mai 1877)

Le 16 mai 1877, on apprenait que M. Jules Simon, président du Conseil des ministres, venait de donner sa démission entre les mains de M. le Président de la République et que ses collègues avaient suivi son exemple. Cette retraite subite fut déterminée par les faits dont le détail suit :

La Chambre des députés avait voté le 15 mai, par 392 voix contre 56, l'abrogation du titre II de la loi du 29 décembre 1875 sur la presse. Ce vote, dû à l'initiative de M. Cunéo d'Ornano, avait eu pour objet de rappeler les dispositions de la loi de 1871, cette loi qui, tant de fois, avait été mise sur le tapis et qui rappelle, ainsi qu'on le disait à cette époque, ces phares à feu tournant qui présentent, suivant un mouvement isochrone, tantôt un verre rouge, tantôt un jaune, sans fixité de couleur.

A la fin de la séance, M. René Brice proposa d'introduire dans la loi provisoire un article ainsi conçu : « Tout fonctionnaire public diffamé ou outragé aura le droit de citation directe devant la cour d'assises. »

M. Gambetta prêta main forte à cette proposition, mais la Commission jugea à propos d'étudier l'article avant son admission.

Depuis quelque temps, M. Jules Simon s'abstenait, il est vrai, de toute immixtion dans les discussions de la Chambre.

Aussi le président du Conseil ne se doutait guère le 16 mai qu'il allait recevoir de M. le maréchal de Mac-Mahon une lettre par laquelle le Président de la République lui demandait des explications sur son abstention de paraître aux Assemblées, ce qui donnait à entendre qu'il n'avait plus l'autorité nécessaire à tout chef de cabinet.

Le mécontentement du Maréchal provenait de l'attitude effacée de M. Jules Simon dans la discussion de la loi municipale et plus spécialement dans celle de la loi de 1875 relative à la presse.

Le président du Conseil répondit à la lettre du Maréchal en lui envoyant sa démission le 16 mai 1877. Les autres ministres se retirèrent à la même date.

NOMINATION ET DÉMISSION

DU

Cabinet du 17 mai 1877

9e MINISTÈRE DE LA IIIe RÉPUBLIQUE

7e Cabinet formé sous le maréchal de Mac-Mahon, Président.

DATES DES DÉCRETS de nomination.	PRÉSIDENT DU CONSEIL des Ministres.	NOMS ET QUALITÉS des MINISTRES NOMMÉS	MINISTÈRE auquel CHAQUE MINISTRE est affecté.	EN REMPLACEMENT de MM.	ÉVÉNEMENTS se rattachant A LA CONSTITUTION du Ministère.
	M.	MM.			
Décret du 17 mai 1877 signé à Versailles.	le Duc DE BROGLIE, garde des sceaux Ministre de la justice.	**Duc de Broglie,** Sénateur.	Garde des sceaux, Justice.	**Martel.**	Par décret signé à Versailles en date du 17 mai 1877, l'administration des Cultes est détachée du ministère de la Justice et des Cultes et réunie au ministère de l'Instruction publique et des Beaux-Arts.
		De Fourtou, Député.	Intérieur.	**Simon** (Jules).	
		Caillaux, Sénateur.	Finances.	**Say** (Léon).	
		Brunet, Sénateur.	Instruction publique, Cultes et Beaux-arts.	**Waddington.**	
		Paris, Sénateur.	Travaux publics.	**Christophle.**	
		Vicomte de Meaux, Sénateur.	Agriculture et Commerce.	**Teisserenc de Bort.**	
		Berthaut, Général	Guerre.	»	
		Duc Decazes.	Affaires étrangères.	»	
Décret du 23 mai 1877	»	**Gicquel des Touches,** Vice-amiral, Préfet maritime à Lorient.	Marine et Colonies.	**Fourichon,** Vice-amiral.	

DÉMISSION DU CABINET DU 17 MAI 1877

(19 novembre 1877)

Les élections pour le renouvellement de la Chambre des députés venaient de donner le 14 octobre 1877 de nouveaux représentants au pays et les élections départementales avaient eu lieu le 4 novembre suivant : les républicains remportèrent une grande victoire et eurent une immense majorité; par contre, un grand nombre de membres de la droite ne furent pas réélus, et le président du Conseil lui-même échoua dans le département de l'Eure.

Cette nouvelle situation était défavorable au Cabinet, car il ne pouvait espérer obtenir une majorité suffisante à la Chambre; et les ministres résolurent de remettre leur démission collective entre les mains du chef de l'État, lorsqu'une note, inscrite au *Journal officiel* du 6 novembre 1877, annonça que, sur la demande qui leur en avait été faite par le Président de la République, les ministres avaient retiré les démissions qu'ils avaient déposées entre ses mains; ils avaient d'ailleurs insisté pour qu'il fût bien entendu qu'en conservant leurs fonctions, ils ne préjugeaient en rien les résolutions ultérieures du chef de l'État.

La nouvelle Chambre, d'un autre côté, avait repris ses travaux parlementaires depuis quelques jours et M. Leblond déposa le 14 novembre le rapport de la Commission chargée d'examiner la proposition de M. Albert Grévy relative à la conduite du Gouvernement pendant les périodes électorales des 14 et 28 octobre 1877. Ce rapport concluait à la résolution suivante :

« La Chambre, considérant que les élections des 14 et 28 octobre ont été faites dans des conditions qui imposent à la Chambre des députés, protectrice du suffrage universel, dont elle est issue, un devoir exceptionnel, adopte la résolution suivante : « Une commission de trente-« six membres, nommée dans les bureaux, sera chargée de faire une « enquête parlementaire sur les actes qui, depuis le 17 mai, ont eu « pour objet d'exercer sur les élections une pression illégale. »

M. de Broglie, président du Conseil, après avoir appuyé la demande d'urgence et accepté la discussion immédiate, prit la défense des intérêts sociaux et signala la situation politique actuelle, qu'il considérait comme un péril pour la société; son discours fut un modèle de courtoisie politique et d'esprit.

A la séance du lendemain, pendant laquelle eut lieu la suite de la discussion de la veille, M. Gambetta, montant à la tribune à son tour, répondit au président du Conseil, obtint les applaudissements de la Chambre, défendit le suffrage universel et combattit la candidature officielle.

Enfin, la Chambre adopta à cette séance les propositions de la commission énoncées ci-dessus par 312 voix contre 205.

Malgré ce vote, le ministère crut devoir rester encore au pouvoir. Bien qu'ayant survécu, par sa résistance, aux élections qui lui opposaient une majorité imposante, il sentait sa fin prochaine, mais il attendait qu'un événement lui permît de se retirer avec les honneurs de la guerre.

Cette occasion ne tarda pas à se présenter. La Chambre haute, en effet, dans sa séance du 19 novembre 1877, discuta l'interpellation de M. de Kerdrel sur les mesures que le Gouvernement devait prendre au sujet de l'enquête ordonnée par la Chambre des députés concernant la conduite du Cabinet pendant la période électorale.

L'ordre du jour pur et simple, auquel s'était rallié le Cabinet, fut voté par 142 voix contre 138.

Ce fut à la suite de ce vote que le Cabinet du 17 mai 1877, présidé par M. le duc de Broglie, se retira à la date du 19 novembre de la même année.

M. le général de Grimaudet de Rochebouët accepta de former un nouveau Cabinet qui fut constitué le 23 novembre 1877.

NOMINATION ET DÉMISSION

DU

Cabinet du 23 novembre 1877

10e MINISTÈRE DE LA IIIe RÉPUBLIQUE

8e Cabinet formé sous le maréchal de Mac-Mahon, Président.

DATE DU DÉCRET de nomination.	PRÉSIDENT DU CONSEIL des Ministres.	NOMS ET QUALITÉS des MINISTRES NOMMÉS	MINISTÈRE auquel CHAQUE MINISTRE est affecté.	EN REMPLACEMENT de MM.	ÉVÉNEMENTS se rattachant A LA CONSTITUTION du Ministère.
Décret du 23 novembre 1877 signé à Versailles.	**GÉNÉRAL DE GRIMAUDET DE ROCHEBOUET** Ministre de la Guerre.	MM. **De Grimaudet de Rochebouët.** Général de division.	Guerre.	**Berthaut,** *Général.*	
		Lepelletier, Conseiller à la Cour de Cassation.	Garde des sceaux, Justice.	**Duc de Broglie.**	
		Marquis de Banneville, ancien ambassadeur.	Affaires étrangères.	**Duc Decazes.**	
		Welche, Prefet du Nord.	Intérieur.	**De Fourtou.**	
		Dutilleul (François-Ernest-Collard), Ancen député.	Finances.	**Caillaux.**	
		Baron Roussin. Vice-amiral.	Marine et Colonies.	**Gicquel des Touches,** Vice-amiral.	
		Faye, Membre de l'Institut. Inspecteur général de l'enseignement supérieur.	Instruction publique, Cultes et Beaux-arts.	**Brunet.**	
		Graëff, Inspecteur général des ponts et chaussées.	Travaux publics.	**Paris.**	
		Ozenne, Conseiller d'Etat, Secrétaire général du Ministère de l'Agriculture et du Commerce.	Agriculture et Commerce.	**Vicomte de Meaux.**	

DÉMISSION DU CABINET DU 23 NOVEMBRE 1877

(13 décembre 1877)

Dès le lendemain de la formation du Cabinet du 23 novembre qui fut composé de personnages pris en dehors des Chambres, le président du Conseil, général de Grimaudet de Rochebouët, demanda au Sénat à lui faire une communication au nom du Gouvernement.

« Le Président de la République, dit-il, a cru devoir confier la di-
« rection des affaires du pays à des hommes étrangers aux derniers
« conflits, indépendants vis-à-vis de tous les partis, à des hommes qui
« veulent, pendant la durée de leur mandat, rester en dehors des luttes
« politiques. »

C'est dans ces conditions, en effet, que s'était présenté le nouveau Cabinet.— La France avait besoin de calme et de repos. et après cette période d'agitation, l'intention du Cabinet, formulée par le président du Conseil, était de se consacrer à la bonne gestion des affaires. Le général de Grimaudet avait, en outre, attesté dans son discours qu'il respecterait religieusement la constitution républicaine et qu'elle passerait intacte de ses mains dans celles de ses successeurs. Le Sénat se contenta de prendre acte de cette déclaration.

La même communication fut faite à la Chambre des députés, par M. Lepelletier, ministre de la Justice.

Mais la Chambre demanda, à cette même séance du 24 novembre, à interpeller le Cabinet sur sa propre formation, par l'organe de M. de Marcère.

Ce dernier demanda « quelle était la signification du ministère pré-
« sent, et constata qu'il ne représentait ni les droits de la nation, ni
« le droit parlementaire, puisque aucun de ses membres ne faisait
« partie des Assemblées sénatoriale ou législative ».

M. Welche, ministre de l'Intérieur, répondit à M. de Marcère en ces termes :

« .... Je n'ai pas à défendre le ministère qui nous a précédés... Si « modeste qu'il soit, le ministère actuel ne procède de personne... Il « n'a rien qui le lie à ses devanciers, et tel qu'il est, si mince qu'il soit, « il se présente avec sa personnalité modeste, mais résolue.

« La Constitution n'a pas dit, ajoute M. Welche, que les ministres seraient toujours choisis sur les bancs des Parlements. »

M. Baragnon demanda, à la suite de cette déclaration, l'ordre du jour pur et simple qui obtint la priorité. Cet ordre du jour fut repoussé par 315 voix contre 204 pour l'adoption.

Un ordre du jour motivé avait en outre été déposé par MM. de Marcère, Gambetta, Lepère, Jules Ferry et plusieurs autres députés; il était ainsi conçu :

« La Chambre des députés,

« Considérant que, par sa composition et ses origines, le ministère « du 23 novembre est la négation des droits de la nation et des droits « parlementaires, que, dès lors, il ne peut qu'aggraver la crise qui, « depuis le 17 mai, pèse si cruellement sur les affaires;

« Déclare qu'elle ne peut entrer en rapport avec le ministère et « passe à l'ordre du jour. »

Cet ordre motivé fut voté au scrutin par 315 voix contre 207 sur 522 votants.

Malgré ce vote, les ministres restèrent à leur poste jusqu'au 13 décembre suivant, date à laquelle ils donnèrent leur démission.

M. Dufaure reçut alors et accepta la mission de former un Cabinet parlementaire.

NOMINATION ET DÉMISSION

DU

Cabinet du 13 décembre 1877

DÉMISSION DU MARÉCHAL DE MAC-MAHON

11e MINISTÈRE DE LA IIIe RÉPUBLIQUE

9e Cabinet formé sous le maréchal de Mac-Mahon, Président.

DATE DU DÉCRET de nomination.	PRÉSIDENT DU CONSEIL des Ministres.	NOMS ET QUALITÉS des MINISTRES NOMMÉS.	MINISTÈRE auquel CHAQUE MINISTRE est affecté.	EN REMPLACEMENT de MM.	MUTATIONS SURVENUES DANS LE CABINET PENDANT SA DURÉE				ÉVÉNEMENTS se rattachant A LA CONSTITUTION du Ministère.
					DATE DU DÉCRET de nomination.	NOM ET QUALITÉ du MINISTRE NOMMÉ.	MINISTÈRE auquel LE MINISTRE est affecté.	EN REMPLACEMENT de M.	
Décret du 13 décembre 1877 signé à Versailles.	M. DUFAURE, Garde des sceaux, Ministre de la Justice.	MM. **Dufaure,** Sénateur, Membre de l'Académie française.	Garde des sceaux, Justice.	**Lepelletier.**					
		Waddington, Sénateur, Membre de l'Institut.	Affaires étrangères.	**De Banneville.**					
		De Marcère, Membre de la Chambre des députés.	Intérieur.	**Welche.**					
		Say (Léon), Sénateur.	Finances.	**Dutilleul.**					
		Borel, Général de division.	Guerre.	**De Grimaudet de Rochebouët,** Général.	13 janvier 1879.	**Gresley,** Général de division.	Guerre.	**Borel,** Général.	
		Pothuau, Vice-amiral, sénateur.	Marine et Colonies.	**Baron Roussin,** Vice-amiral.					
		Bardoux, Député.	Instruction publique, Cultes et Beaux-arts.	**Faye.**					
		De Freycinet, Député.	Travaux publics.	**Graëff.**					
		Teisserenc de Bort, Sénateur.	Agriculture et Commerce.	**Ozenne.**					

DÉMISSION DE M. LE MARÉCHAL DE MAC-MAHON

PRÉSIDENT DE LA RÉPUBLIQUE

ET DU CABINET DU 13 DÉCEMBRE 1877

(30 janvier 1879)

L'interpellation de M. Sénard sur les déclarations contenues dans le programme ministériel lu à la Chambre des députés dans la séance du 16 janvier 1879 fut discutée dans celle du 20 du même mois. L'auteur de cette interpellation avait cru devoir demander au président du Conseil des ministres si le Cabinet avait l'intention par ses actes de s'associer au désir de la majorité de la Chambre en ne maintenant dans les fonctions administratives que des hommes résolus à servir la République.

Le Gouvernement, par l'organe de M. de Marcère, ministre de l'Intérieur, annonça qu'il acceptait l'ordre du jour présenté par le centre gauche et la gauche républicaine et obtint un vote de confiance de 102 voix... La Chambre, par cela même, repoussait l'ordre du jour pur et simple présenté par M. Floquet.

La crise résultant de la déclaration ministérielle faite à l'occasion de la rentrée des Chambres semblait donc être terminée, et le Cabinet, désormais en pleine possession de sa liberté d'action, n'hésita pas, après le grand acte du 5 janvier, qui avait donné 65 sièges sénatoriaux aux républicains sur 82 élections, à procurer à la majorité républicaine de la Chambre les satisfactions légitimes qu'elle réclamait au nom du pays, concernant la réforme du personnel administratif, judiciaire et même militaire.

Le Sénat, d'ailleurs, dans sa séance du 21 janvier, décida qu'il n'y avait pas lieu de provoquer un nouveau débat sur la politique du Cabinet, qui avait été sincère et précis dans ses déclarations et dans sa conduite.

La confiance était donc entière..... Le Gouvernement, du reste, voulant remplir son devoir conformément au programme qu'il s'était imposé, avait déjà mis en retraite ou en disponibilité un certain nombre de trésoriers généraux et autres fonctionnaires qui s'étaient montrés hostiles à la République..... lorsqu'un conflit éclata entre le maréchal de Mac-Mahon et ses ministres. A peine, en effet, le Cabinet s'était-il mis à l'œuvre, qu'il rencontra une certaine opposition de la part du Président.

Les motifs de cette dislocation gouvernementale furent les suivants :

Les commandants de corps d'armée étaient nommés pour trois ans et, d'après l'esprit de la loi, ils ne devaient être maintenus à leur poste, après l'expiration de ces trois années, que si leur maintien était justifié par la nécessité ou le bien du service. — Or, dix commandants de corps d'armée, maintenus à titre provisoire, se trouvaient dans le cas d'être remplacés et le ministre de la Guerre, d'accord avec les autres membres du Cabinet, crut que le moment était venu de prendre à leur égard une mesure générale et de la proposer au Maréchal ; celui-ci la repoussa..... Le désaccord devint dès lors complet entre le Président de la République et son Cabinet.

Le conflit ne fut pas de longue durée. Le Maréchal préféra se retirer et donna sa démission à la date du 30 janvier 1879.

Cette retraite fut suivie de celle des ministres à la même date.

Dans sa lettre de démission lue aux deux Chambres, le maréchal de Mac-Mahon fit connaître qu'il considérait les mesures générales qui lui étaient proposées, en ce qui concerne les grands commandements militaires, comme contraires aux intérêts de l'armée et par suite du pays, et qu'il était de son devoir pour ce motif d'abréger la durée du mandat qui lui avait été confié par l'Assemblée nationale le 25 mai 1873.

NOMINATION DE M. JULES GRÉVY

EN QUALITÉ

DE PRÉSIDENT DE LA RÉPUBLIQUE

(30 janvier 1879)

Le 30 janvier 1879, M. Martel, président du Sénat et M. Grévy, président de la Chambre des députés, donnèrent lecture à chacune de ces Assemblées de la lettre par laquelle M. le maréchal de Mac-Mahon donnait sa démission de Président de la République.

En conséquence, conformément à l'article 7 de la loi sur l'organisation des pouvoirs publics, les deux Chambres se réunirent aussitôt à l'effet d'élire un nouveau Président de la République en remplacement de M. le maréchal de Mac-Mahon, démissionnaire.

Le dépouillement des votes relatifs à cette élection donna le résultat suivant :

Nombre de votants	713
Bulletins blancs ou nuls	43
Suffrages exprimés	670
Majorité absolue	336

Ont obtenu :

Jules Grévy	563 suffrages
Général Chanzy	99 —

M. Jules Grévy ayant obtenu la majorité des suffrages exprimés a été proclamé Président de la République pour 7 ans à compter du 30 janvier 1879 jusqu'au 30 janvier 1886.

Il y a eu sous la présidence de M. Grévy (du 30 janvier 1879 au 30 janvier 1886) neuf ministères dont le premier était le douzième de la IIIe République Française.

NOMINATION ET DÉMISSION

DU

Cabinet du 4 février 1879

12e MINISTÈRE DE LA IIIe RÉPUBLIQUE

1er Cabinet formé sous M. Grévy, Président.

DATES DES DÉCRETS de nomination.	PRÉSIDENT DU CONSEIL des Ministres.	NOMS ET QUALITÉS des MINISTRES NOMMÉS.	MINISTÈRE auquel CHAQUE MINISTRE est affecté.	EN REMPLACEMENT de MM.	MUTATIONS SURVENUES DANS LE CABINET PENDANT SA DURÉE — DATES DES DÉCRETS de nomination.	NOMS ET QUALITÉS des MINISTRES NOMMÉS.	MINISTÈRE auquel CHAQUE MINISTRE est affecté.	EN REMPLACEMENT de MM.	ÉVÉNEMENTS se rattachant A LA CONSTITUTION du Ministère.
Décret du 4 février 1879 signé à Versailles.	M. **WADDINGTON,** Ministre des Affaires étrangères.	MM. **Waddington,** Sénateur.	Affaires étrangères.	(Renommé.)		MM.			Par décret du 4 février 1879, le ministère des Cultes est détaché de l'Instruction publique et des Beaux-Arts, et M. de Marcère, ministre de l'Intérieur, est chargé de l'administration des Cultes. — Par décret du 5 mars 1879, il est créé un ministère des Postes et des Télégraphes.
		Le Royer, Sénateur.	Garde des sceaux, Justice.	**Dufaure.**					
		De Marcère, Député.	Intérieur et Cultes.	(Renommé.)	**4 mars 1879.**	**Lepère,** Député, Ministre de l'Agriculture et du Commerce.	Intérieur et Cultes.	**De Marcère.**	
		Say (Léon), Sénateur.	Finances.	(Renommé.)					
		Gresley, Général de division.	Guerre.	(Renommé.)					
		Jauréguiberry, Vice-amiral.	Marine et Colonies.	**Pothuau,** Vice-amiral.					
		Ferry (Jules), Député.	Instruction publique et Beaux-Arts.	**Bardoux.**					
		De Freycinet, Sénateur.	Travaux publics.	(Renommé.)					
		Lepère, Député.	Agriculture et Commerce.	**Teisserenc de Bort**	**5 mars 1879.**	**Tirard,** Député.	Agriculture et Commerce.	**Lepère.**	
Décret du 5 mars 1879.	»	**Cochery,** Député.	Postes et Télégraphes.						

DÉMISSION DU CABINET DU 4 FÉVRIER 1879

(26 décembre 1879)

Les Chambres approchaient du terme de leur session extraordinaire; la période qui suit la clôture étant généralement favorable à l'existence des Cabinets, rien ne pouvait faire prévoir que celui du 4 février 1879 approchait de sa fin.

De nombreuses interpellations, toutefois, lui avaient été adressées pendant le mois de décembre 1879.

Le 17 une question fut adressée à M. Le Royer, ministre de la Justice, par M. le député Labadie, au sujet des paroles prononcées par M. Rigaud, président de la cour d'Aix, à l'occasion de l'installation de M. le conseiller Brisson.

M. Rigaud s'était, il est vrai, exprimé en ces termes :

« Veuillez prendre place, Monsieur le conseiller, au milieu de la ma-
« gistrature à qui les attaques journalières dont elle est l'objet ne
« feront jamais perdre le calme, la dignité et l'indépendance qui l'ont
« honorée jusqu'ici et l'honoreront toujours. »

La question fut aussitôt transformée en interpellation par MM. Jolibois et Godelle, et cette dernière fut ajournée à un mois.

D'autre part, à la même séance, une autre interpellation fut faite par M. E. Lockroy au sujet de l'application de la loi d'amnistie votée au mois de mars de la même année. M. Le Royer, ministre de la Justice, répondit au nom du Gouvernement et s'appliqua à faire ressortir « que
« M. Lockroy ne faisait pas dans son discours la critique de la manière
« dont la loi du 3 mars 1879, relative à l'amnistie partielle, avait été
« appliquée, mais que ce député voulait soulever de nouveau la ques-
« tion de l'amnistie pleine et entière ».

L'ordre du jour pur et simple fut rejeté et un ordre du jour motivé fut présenté par MM. Bernard-Lavergne, Jozon et Langlois; il était ainsi conçu :

« La Chambre, s'associant aux sentiments exprimés par le Gouver-
« nement et approuvant les explications qu'il a fournies sur l'applica-
« tion de la loi sur l'amnistie, passe à l'ordre du jour. »

Cet ordre motivé fut voté par 234 voix contre 55. Ce fut donc un succès pour le Cabinet qui possédait ainsi une importante majorité à la Chambre..... Mais, malgré ce vote de confiance, la crise ministérielle était près de se produire : le général Gresley, ministre de la Guerre, à la suite d'une interpellation de M. Achard, concernant la présence d'officiers de l'armée territoriale à un banquet royaliste à Bordeaux, avait, en effet, exprimé le désir de se retirer; M. Le Royer avait quitté le ministère de la Justice et enfin M. Waddington lui-même avait manifesté l'intention de donner sa démission de président du Conseil.

Dans ces conditions, le ministère ne pouvait vivre longtemps; il se trouvait disloqué et n'attendait que la fin de la session parlementaire pour se démettre officiellement.

La clôture des travaux de l'Assemblée fut prononcée le 21 décembre 1879 et le 26 du même mois le président du Conseil remit la démission collective du Cabinet entre les mains du chef de l'Etat.

C'est la première fois depuis la proclamation de la IIIe République qu'un ministère se retire sans qu'un vote de l'une des deux Chambres soit venu l'y forcer. La cause de cette retraite volontaire fut la dislocation survenue dans son sein.

M. de Freycinet fut chargé et accepta de former un nouveau Cabinet qui fut officiellement constitué à la date du 28 décembre 1879.

NOMINATION ET DÉMISSION

DU

Cabinet du 28 décembre 1879

13e MINISTÈRE DE LA IIIe RÉPUBLIQUE

2e Cabinet formé sous M. Grévy, Président.

DATE DU DÉCRET de nomination.	PRÉSIDENT DU CONSEIL des Ministres.	NOMS ET QUALITÉS des MINISTRES NOMMÉS.	MINISTÈRE auquel CHAQUE MINISTRE est affecté.	EN REMPLACEMENT de MM.	MUTATIONS SURVENUES DANS LE CABINET PENDANT SA DURÉE				ÉVÉNEMENTS se rattachant A LA CONSTITUTION du Ministère.
					DATE DU DÉCRET de nomination.	NOM ET QUALITÉ du MINISTRE NOMMÉ.	MINISTÈRE auquel LE MINISTRE est affecté.	EN REMPLACEMENT de MM.	
	M.	MM.				M.			
Décret du 28 décembre 1879 signé à Paris.	De FREYCINET Ministre des Affaires étrangères.	**De Freycinet**, Sénateur.	Affaires étrangères.	**Waddington.**					
		Cazot, Sénateur.	Garde des sceaux, Justice.	**Le Royer.**					
		Lepère, Député.	Intérieur et Cultes.	(Renommé.)	17 mai 1880.	**Constans**, Député, sous-secrétaire d'Etat au ministère de l'Intérieur et des Cultes.	Intérieur et Cultes.	**Lepère.**	
		Magnin, Sénateur.	Finances.	**Say** (Léon).					
		Farre, Général.	Guerre.	**Gresley**, Général.					
		Jauréguiberry, Vice-amiral.	Marine et Colonies.	(Renommé.)					
		Ferry (Jules), Député.	Instruction publique et Beaux-arts.	(Renommé.)					
		Varroy, Député.	Travaux publics.	**De Freycinet**.					
		Tirard, Député.	Agriculture et Commerce.	(Renommé.)					
		Cochery, Député.	Postes et télégraphes.	(Renommé.)					

DÉMISSION DU CABINET DU 28 DÉCEMBRE 1879

(19 septembre 1880)

Les décrets du 29 mars relatifs aux mesures que devait prendre le Gouvernement à l'égard des congrégations religieuses non autorisées étaient au nombre de deux.

Le premier concernait l'association des Jésuites et était ainsi conçu : « Le Gouvernement, considérant qu'une plus longue tolérance ne saurait être admise à l'égard de cette société contre laquelle le sentiment national s'était prononcé à différentes reprises, désireux toutefois de ne pas donner à cette exécution l'apparence d'une mesure portant atteinte à la liberté individuelle, décide que ladite association est dissoute et que les établissements occupés par elle devront être évacués et fermés dans un délai de trois mois à dater de la promulgation du décret. »

Le second visait les articles 291 et 292 du Code pénal et la loi du 10 avril 1834 et disposait que les congrégations non autorisées, autres que l'association des Jésuites, devaient soumettre leurs statuts et demander au Gouvernement l'autorisation légale. Dans un délai de trois mois après la promulgation du décret, les congrégations qui n'auraient pas demandé l'autorisation nécessaire seraient déclarées dissoutes.

C'est à propos de l'exécution de ce deuxième décret, que MM. Constans, ministre de l'Intérieur et des Cultes, Cazot, ministre de la Justice et le général Farre, ministre de la Guerre, donnèrent leur démission entre les mains du président du Conseil ; cette retraite fut aussitôt suivie par celle de M. de Freycinet lui-même.

Le ministère se trouva par cela même ébranlé et la crise survenait pendant les vacances parlementaires.

Il est vrai que dans son discours du 18 août précédent, à Montauban, M. de Freycinet avait fait pressentir que l'exécution des décrets serait ajournée jusqu'au vote d'une loi future sur les associations, ce qui équivalait à un ajournement indéfini; on devait supposer d'ailleurs que les paroles du président du Conseil reflétaient la pensée de tous les ministres... Il n'en était rien; M. Constans, au contraire, voulait poursuivre avec fermeté l'exécution des décrets conformément à l'ordre du jour voté le 16 mars 1880 par la Chambre des députés. De là naquirent des divergences d'opinions au sein du Cabinet, divergences telles qu'elles ne permettaient pas d'espérer le maintien de l'accord, même au prix de concessions mutuelles.

Les uns voulaient épargner les congrégations qui se soumettraient même tardivement, les autres voulaient combattre celles qui résisteraient à la loi. Le Gouvernement n'avait d'ailleurs pris aucun engagement ni vis-à-vis du Vatican, ni près du nonce, et avait conservé sa liberté d'action tout entière.

L'*Agence Havas* ayant, par des dépêches envoyées à la presse départementale et même à l'étranger, travesti le caractère des décisions prises par le Conseil des ministres et représenté le président comme ayant consenti à certaines concessions, M. de Freycinet crut que ces dépêches portaient atteinte à sa dignité en altérant sa situation et son caractère.

Malgré les instances faites près de lui et près de M. Constans, la retraite de tous les membres du Cabinet fut décidée et les ministres remirent leur démission à la date officielle du 19 septembre 1880.

M. Jules Ferry fut chargé de la composition d'un nouveau Cabinet.

NOMINATION ET DÉMISSION

DU

Cabinet du 23 septembre 1880

14e MINISTÈRE DE LA IIIe RÉPUBLIQUE

3e Cabinet formé sous M. Grévy, Président.

DATE DU DÉCRET de nomination.	PRÉSIDENT DU CONSEIL des Ministres.	NOMS ET QUALITÉS des MINISTRES NOMMÉS	MINISTÈRE auquel CHAQUE MINISTRE est affecté.	EN REMPLACEMENT de MM.	ÉVÉNEMENTS se rattachant A LA CONSTITUTION du Ministère.
Décret du 23 septembre 1880 signé à Paris.	M. **FERRY** (Jules), Ministre de l'Instruction publique et des Beaux-Arts.	MM. **Ferry** (Jules), Député.	Instruction publique et Beaux-arts.	(Renommé.)	
		Barthélemy-Saint-Hilaire, Vice-président du Sénat, Membre de l'Institut.	Affaires étrangères.	**De Freycinet**	
		Cazot, Sénateur.	Garde des sceaux, Justice.	(Renommé.)	
		Constans, Député.	Intérieur et Cultes.	(Renommé.)	
		Magnin, Sénateur.	Finances.	(Renommé.)	
		Farre, Général de division.	Guerre.	(Renommé.)	
		Cloué, Vice-amiral, Vice-président du Conseil d'amirauté.	Marine et Colonies.	**Jauréguiberry,** Vice-amiral.	
		Carnot (Sadi), Député.	Travaux publics.	**Varroy.**	
		Tirard, Député.	Agriculture et Commerce.	(Renommé.)	
		Cochery, Député.	Postes et télégraphes.	(Renommé.)	

DÉMISSION DU CABINET DU 23 SEPTEMBRE 1880

(10 novembre 1881)

La Chambre des députés avait décidé dans sa séance du 4 novembre 1881, sur la demande du président du Conseil lui-même, qu'elle commencerait le lendemain 5, la discussion des interpellations sur les affaires de Tunisie. Au début de son discours, M. Jules Ferry prit nettement et hardiment position et enleva aux adversaires du Gouvernement le mérite de l'initiative. Bien que le moment fût venu de résumer et d'apprécier l'œuvre politique accomplie par le chef du Cabinet du 23 septembre 1880, au point de vue universitaire et de la réforme de la magistrature, ce fut sur le terrain de l'expédition de Tunisie, qui occupait d'ailleurs plus particulièrement la Chambre avant la clôture de la session, que dut se porter la question de confiance. Tous les députés paraissaient approuver cette expédition et reconnaissaient qu'il était impossible au Gouvernement de tolérer plus longtemps la situation qui lui était faite par le mauvais vouloir de Mahomed-ed-Sadock et les incursions des Khroumirs sur notre territoire; mais tout en étant d'accord sur le principe les adversaires du Cabinet ne l'étaient pas sur l'exécution. Les uns critiquaient l'action diplomatique, les autres s'élevaient contre la direction donnée aux opérations militaires, enfin certaines critiques générales furent faites sur l'occupation de Tunis et de Kairouan.

Il est vrai que le Gouvernement avait cru que tout était terminé en Tunisie après la signature du traité de Kassar-Saïd (12 mai 1881) mais ses espérances furent déçues, et après avoir, au mois de juin, prématurément rappelé nos troupes, il fallut de nouveau occuper ce pays militairement et y envoyer en juillet un nouveau contingent de 8,000 hommes. Aussi une enquête sur les faits et gestes du Cabinet hantait les cerveaux des grands politiques de l'extrême gauche.

Cependant le président du Conseil, que l'on pouvait, dès lors et pour ces motifs, considérer comme démissionnaire, avait réduit à néant les accusations portées contre lui, et M. Clémenceau, son redoutable contradicteur, n'avait pas trouvé dans son arsenal, malgré son talent et son éloquence, des armes bien trempées pour y répondre; aussi, la proposition d'enquête fut repoussée par 344 voix contre 168. Ce vote semblait avoir un peu déblayé le terrain et la situation paraissait plus nette ; néanmoins le ministère était bien résolu à se retirer, ainsi qu'il l'avait formellement déclaré et il ne restait sur la brèche que pour revendiquer la responsabilité de ses actes.

C'est alors que l'on vit s'émietter par des votes successifs une majorité incertaine ballottée entre le pouvoir d'aujourd'hui et celui de demain. M. Naquet déposa un ordre de blâme qu'il remania par trois fois ; M. de Roys proposa de considérer le ministère comme démissionnaire et de passer outre. Ce fut une confusion d'idées, d'ordres du jour se succédant les uns aux autres, lorsque M. Gambetta proposa, le 9 novembre, un ordre du jour motivé ainsi conçu :

« La Chambre, résolue à exécuter dans son intégrité le traité du 12 mai 1881, souscrit par la nation française, passe à l'ordre du jour. »

La priorité fut accordée à cette proposition à la majorité de 379 voix contre 71 sur 450 votants.

La démission du ministère, conséquence de ces débats, porte officiellement la date du 10 novembre 1880. Malgré les rancunes personnelles auxquelles il fut en but, on peut dire que ce cabinet n'est pas tombé, mais qu'il s'est retiré avec honneur.

M. Gambetta, auteur de l'ordre du jour ci-dessus, fut aussitôt désigné par M. le Président de la République pour former un nouveau ministère.

NOMINATION ET DÉMISSION

DU

Cabinet du 14 novembre 1881

15e MINISTÈRE DE LA IIIe RÉPUBLIQUE

4e Cabinet formé sous M. Grévy, Président.

DATE DU DÉCRET de nomination.	PRÉSIDENT DU CONSEIL des Ministres.	NOMS ET QUALITÉS des MINISTRES NOMMÉS	MINISTÈRE auquel CHAQUE MINISTRE est affecté.	EN REMPLACEMENT de MM.	ÉVÉNEMENTS se rattachant A LA CONSTITUTION du Ministère.
Décret du 14 novembre 1881 signé à Paris.	M. **GAMBETTA** (Léon), Ministre des Affaires étrangères.	MM. **Gambetta** (Léon), Député.	Affaires étrangères.	**Barthélemy-Saint-Hilaire.** (Renommé.)	Par décret du 14 novembre 1881, l'administration des Cultes est détachée du ministère de l'Intérieur et rattachée au ministère de l'Instruction publique.
		Cazot, Sénateur.	Garde des sceaux, Justice.		
		Waldeck-Rousseau, Député.	Intérieur.	**Constans.**	—
		Allain-Targé, Député.	Finances.	**Magnin.**	Par décret de même date, il est créé un ministère de l'Agriculture.
		Campenon, Général de division.	Guerre.	**Farre,** Général.	— Par décret de même date, il est créé un ministère des Beaux-arts.
		Gougeard, Conseiller d'Etat.	Marine.	**Cloué,** Vice-amiral.	—
		Bert (Paul), Député.	Instruction publique et Cultes.	**Ferry** (Jules).	Par décret de même date, la direction des Colonies est détachée du ministère de la Marine et rattachée au ministère du Commerce.
		Raynal, Député.	Travaux publics.	**Carnot** (Sadi).	
		Rouvier (Maurice), Député.	Commerce et Colonies.	**Tirard** et amiral **Cloué.**	
		Cochery, Député.	Postes et télégraphes.	(Renommé.)	
		Devès (Paul), Député.	Agriculture.	**Tirard.**	
		Proust (Antonin), Député.	Beaux-Arts.	(Création.)	

DÉMISSION DU CABINET DU 14 NOVEMBRE 1881

(27 janvier 1882)

La Chambre des députés avait mis dans son programme, dès l'ouverture de la session de janvier 1882, la question de revision de la Constitution, et le Sénat qui venait d'être renouvelé avait lui-même exprimé les mêmes intentions. Cette revision devait d'abord être strictement limitée et renfermée dans des articles déterminés, puis ce terrain fut bientôt abandonné. On se jeta dans l'inconnu et, au lieu d'une revision bien conduite, on se prononça pour la toute-puissance du Congrès. Le débat devait s'engager sur le point de savoir si la revision serait oui ou non limitée.

La commission des Trente-Trois, chargée de l'examen de la question, s'était prononcée pour une revision sans limite; le Gouvernement avait exprimé une opinion contraire dans l'exposé qu'il présenta à la Chambre le 14 janvier 1882, puis au Sénat le jour même de la constitution de son bureau. Cet exposé était ainsi conçu :

« C'est pour obéir à la volonté de la nation exprimée par les élec-
« tions sénatoriales du 8 janvier 1882 et législatives des 21 août et
« 4 septembre 1881, que le Gouvernement de la République dépose
« aujourd'hui une motion de revision *partielle* de la loi constitu-
« tionnelle.

« Conformément à l'article 8 de la loi constitutionnelle du
« 25 février 1875 et aux précédents parlementaires et déclarations
« approuvées par la Chambre des députés dans la séance du 15 no-
« vembre 1881, nous devons rappeler que, si le Parlement décide qu'il
« y a lieu de reviser la Constitution, le Congrès ne pourra mettre en
« délibération que les matières qui auront été préalablement discutées
« dans l'une et l'autre Chambre et sur lesquelles elles se seront expri-
« mées dans un sens conforme à la revision.

« Cette procédure s'impose, c'est une tradition créée par le Parle-
« ment lui-même.

. . . .

« C'est donc sur les articles et paragraphes visés par le vote des
« deux Chambres que la revision des lois constitutionnelles devra
« porter et seulement sur eux, lorsqu'ils auront été déterminés par le
« vote du Parlement, soit sur l'initiative des membres du Sénat et de
« la Chambre des députés, soit sur la proposition directe du Gouver-
« nement. »

La revision pouvait certainement être acceptée en ces termes, mais elle causait entre la commission et le Gouvernement une différence d'opinion complète. Le Cabinet ne pouvait compter sur le concours du Sénat que dans le cas où la Chambre, par un vote signalé de confiance, viendrait à le fortifier suffisamment pour qu'il pût maintenir et faire prévaloir son programme et sa déclaration de principes. Personne ne pouvait être surpris d'ailleurs que M. Gambetta ait conservé au pouvoir les idées qu'il avait défendues dans l'opposition ; la France avait salué son avènement comme le gage d'une politique ferme et progressive, on pouvait lui réserver la confiance que l'on accorde à tout Gouvernement sérieux.

Depuis quelques jours toutefois, la question s'était déplacée et le Sénat se tenant en dehors du combat dit des « Trente-Trois », avait abandonné l'ancien terrain pour s'occuper d'une seule question, le scrutin de liste. Le Gouvernement crut même un instant que la grande bataille se livrerait sur cette question, il ne demandait par le rétablissement ferme du scrutin de liste d'ores et déjà, il était disposé seulement à le défendre dans la Constitution, ainsi qu'il l'avait déclaré dans la séance de la commission des Trente-Trois du 21 janvier 1882.

Mais le jeudi 26 janvier, la Chambre des députés fut appelée à se prononcer sur le projet de revision de la Constitution qui fut discuté séance tenante ; elle repoussa d'abord par 298 voix contre 173 la revision intégrale demandée par M. Barodet ; puis la discussion s'engageant sur le texte de la commission, elle adopta par 268 voix contre 218 sur 486 votants la déclaration de la commission des Trente-Trois qui demandait la revision de la Constitution repoussée par le Gouvernement comme attribuant au Congrès le droit de revision intégrale.

M. Gambetta, président du Conseil, dans ce débat et dans son discours, n'avait jamais atteint de pareilles hauteurs, jamais il ne s'était montré aussi maître de lui-même, il ne sortit ni des bornes de la modération ni de celles de la courtoisie. On l'avait accusé de viser la dictature, lui le vieux serviteur de la démocratie, il n'eut pas de peine à réfuter cette accusation qui devait tomber en présence des garanties données par le passé du grand tribun.

Le dissentiment entre le ministère et la Chambre était trop profond pour être susceptible d'accommodement, le président du Conseil le savait bien et eût-il même remporté une victoire d'ailleurs méritée que la séparation était fatale et inévitable à bref délai.

Le Cabinet du 14 novembre 1882, qui fut appelé le *Grand Ministère*, s'est retiré à la date officielle du 27 janvier 1882, et M. de Freycinet fut chargé d'en composer un nouveau.

NOMINATION ET DÉMISSION

DU

Cabinet du 30 janvier 1882

16e MINISTÈRE DE LA IIIe RÉPUBLIQUE

5e Cabinet formé sous M. Grévy, Président.

DATE DU DÉCRET de nomination.	PRÉSIDENT DU CONSEIL des Ministres.	NOMS ET QUALITÉS des MINISTRES NOMMÉS	MINISTÈRE auquel CHAQUE MINISTRE est affecté.	EN REMPLACEMENT de MM.	ÉVÉNEMENTS se rattachant A LA CONSTITUTION du Ministère.
Décret du 30 janvier 1882 signé à Paris.	M. **DE FREYCINET** Ministre des Affaires étrangères.	MM. **De Freycinet,** Sénateur.	Affaires étrangères.	**Gambetta** (Léon).	Par décret du 30 janvier 1882 sur la proposition du Président du Conseil, le décret en date du 14 novembre 1881, créant un ministère des Arts est rapporté. L'administration des Beaux-arts et les services des bâtiments civils sont rattachés au ministère de l'Instruction publique, les autres services sont rendus à leurs départements. — Par décret de même date l'administration des Cultes est détachée du ministère de l'Instruction publique et rattachée au ministère de la Justice. — Par décret de même date, l'administration des Colonies est détachée du ministère du Commerce et rattachée à la Marine.
		Humbert, Sénateur.	Garde des sceaux, Justice et Cultes.	**Cazot.**	
		Goblet (René), Député.	Intérieur.	**Waldeck-Rousseau.**	
		Say (Léon), Président du Sénat.	Finances.	**Allain-Targé.**	
		Billot, Général de division, Sénateur.	Guerre.	**Campenon,** Général.	
		Jauréguiberry, Vice-amiral, Sénateur.	Marine et Colonies.	**Gougeard.**	
		Ferry (Jules), Député.	Instruction publique et Beaux-arts.	**Bert** (Paul).	
		Varroy, Sénateur.	Travaux publics.	**Raynal.**	
		Tirard, Député.	Commerce.	**Rouvier.**	
		Cochery, Député.	Postes et télégraphes.	(Renommé.)	
		De Mahy, Député.	Agriculture.	**Devès.**	

DÉMISSION DU CABINET DU 30 JANVIER 1882

(29 juillet 1882)

L'ordre du jour de la séance de la Chambre des députés du 29 juillet 1882 appelait la discussion du projet de loi portant ouverture au ministère de la Marine et des Colonies, sur l'exercice 1882, d'un crédit extraordinaire de 9,408,000 francs pour assurer par l'envoi de troupes en Égypte la sécurité du canal de Suez et celle de la navigation dans ce canal.

La commission chargée d'examiner ce projet de loi avait proposé le rejet de ce crédit; elle était d'avis que l'occupation militaire de ce pays pouvait aboutir à une action plus étendue et la majorité était contraire à toute intervention.

Le Gouvernement n'avait demandé que la protection du canal par un acte simple, matériel, ne devant amener aucune question politique. Cette protection ne pouvait soulever selon lui aucun conflit entre les nations par la raison que l'Europe entière avait le même intérêt sur le canal.

Aux termes des firmans qui avaient présidé à la création du canal de Suez, les Gouvernements égyptien et ottoman avaient déclaré que le passage serait libre et neutre. Le Gouvernement égyptien était tenu par suite et avait même le devoir d'occuper les positions stratégiques en vue de la défense de cette région. Mais l'Égypte n'accomplissait pas cette œuvre, c'est pourquoi le Gouvernement français, le plus intéressé dans la question, avait demandé à ce que la France se substituât à elle pour l'accomplir.

Le motif qui avait engagé le Cabinet à demander cette protection était le vœu conforme exprimé par l'Angleterre; on avait vanté les avantages d'une entente, sinon d'une alliance avec cette nation et on avait même osé laisser entendre qu'appuyés par elle, nous pouvions braver l'Europe. Or, l'Angleterre était à la veille d'une grande entreprise et la Chambre des communes avait voté, le 27 juillet, à la majorité imposante de 275 voix contre 19, les crédits demandés par le Gouvernement britannique pour l'expédition d'Egypte; cette nation avait décidé que l'effectif de l'armée expéditionnaire serait augmenté de 10,000 hommes. Par suite, le Gouvernement français regardait comme un acte de mauvaise politique de refuser à une nation voisine et amie la demande qu'elle avait adressée à la France de protéger le canal de Suez pendant la durée de l'expédition égyptienne.

M. Clémenceau, répondant à l'exposé fait par M. de Freycinet, président du Conseil, combat la demande de crédit en ces termes :

« M. Madier de Montjeau vient de vous dire qu'il n'y avait que « deux attitudes à prendre... l'intervention ou l'abstention... — Le « Gouvernement en a trouvé une troisième que je refuse de tenir « sur les fonts baptismaux parlementaires. — Est-ce la paix? Non, « puisqu'on veut y envoyer des troupes. — Est-ce la guerre? Non, « puisqu'on ne se battra pas. — C'est un terme moyen qui n'a les « avantages ni de l'une ni de l'autre de ces deux politiques et en a « tous les inconvénients. »

La conclusion du discours de cet orateur fut que l'Europe était en ce moment couverte de soldats, que les puissances devaient réserver leur liberté pour l'avenir et que la France n'avait qu'à les imiter.

M. Langlois déposa alors un amendement tendant à ouvrir aux ministres de la Guerre et des Colonies un crédit de 40 millions pour l'envoi d'un corps expéditionnaire et de nouvelles canonnières.

Le Gouvernement par l'organe de M. Léon Say, ministre des finances, repoussa cet amendement.

La Chambre prononça la question préalable et l'article premier mis aux voix ne fut pas adopté.— Cet article ayant été rejeté par 416 voix contre 75 sur 566 votants, le projet de loi tomba nécessairement de lui-même.

Le président du Conseil se retira aussitôt devant la manifestation éclatante de l'opinion de la Chambre et donna sa démission avec ses collègues à la date officielle du 29 juillet 1882.

M. Brisson, président de la Chambre des députés, fut chargé par le Président de la République de former un nouveau Cabinet, mais sur son refus, M. Duclerc accepta cette mission.

NOMINATION ET DÉMISSION

DU

Cabinet du 7 août 1882

17e MINISTÈRE DE LA IIIe RÉPUBLIQUE

6e Cabinet formé sous M. Grévy, Président.

DATES DES DÉCRETS de nomination.	PRÉSIDENT DU CONSEIL des Ministres.	NOMS ET QUALITÉS des MINISTRES NOMMÉS.	MINISTÈRE auquel CHAQUE MINISTRE est affecté.	EN REMPLACEMENT de MM.	MUTATIONS SURVENUES DANS LE CABINET PENDANT SA DURÉE				ÉVÉNEMENTS se rattachant A LA CONSTITUTION du Ministère.
					DATE DU DÉCRET de nomination.	NOM ET QUALITÉ du MINISTRE NOMMÉ.	MINISTÈRE auquel LE MINISTRE est affecté.	EN REMPLACEMENT de M.	
Décret du 7 août 1882 signé à Paris.	M. DUCLERC, Ministre des Affaires étrangères.	MM. **Duclerc**, Sénateur.	Affaires étrangères.	**De Freycinet.**		M.			Par décret du 13 septembre 1882, la direction générale des Cultes est détachée du ministère de la Justice et rattachée au ministère de l'Intérieur.
		Devès, Député.	Garde des sceaux, Justice et Cultes.	**Humbert.**					
		Fallières, Député.	Intérieur.	**Goblet** (René).	13 septembre 1882.	**Fallières**, Ministre de l'Intérieur.	Intérieur et Cultes.	»	
		Tirard, Député.	Finances.	**Say** (Léon).					
		Billot, Général de division.	Guerre.	(Renommé.)					
		Jauréguiberry, Vice-amiral.	Marine et Colonies.	(Renommé.)					
		Duvaux, Député.	Instruction publique et Beaux-arts.	**Ferry** (Jules).					
		Legrand (Pierre), Député.	Commerce.	**Tirard.**					
		Cochery, Député.	Postes et télégraphes.	(Renommé.)					
		De Mahy, Député.	Agriculture.	(Renommé.)					
Décret du 10 août 1882.	»	**Hérisson**, Député.	Travaux publics.	(Renommé.)					

DÉMISSION DU CABINET DU 7 AOUT 1882

(29 janvier 1883)

A la suite d'un manifeste publié par le prince Napoléon et placardé sur les murs de Paris, par lequel il réclamait l'appel au peuple, le Gouvernement avait cru devoir ordonner l'arrestation de Jérôme Bonaparte.

Dès le lendemain, à la séance de la Chambre des députés du 16 janvier 1883, M. Cunéo d'Ornano demanda à interpeller le Gouvernement sur cette arrestation qu'il taxait d'arbitraire et M. Jolibois montant à la tribune s'exprima à ce sujet en ces termes :

« Je m'étonne qu'un citoyen puisse être arrêté pour un simple délit « de presse; on a invoqué pour arrêter le prince Napoléon l'article 87 « du Code pénal, sans songer que cet article avait été modifié par la « loi sur la liberté de la presse et de l'affichage ; le Gouvernement « regarde ce manifeste comme un attentat contre la sûreté de l'État « ou de la République, alors qu'il ne s'agit que d'un crime de provo- « cation non suivie d'effet. — Le prince Napoléon a usé de son droit « et le ministère a excédé le sien en ordonnant son arrestation. »

M. Devès, ministre de la Justice, répondit que le Gouvernement a agi envers Jérôme Bonaparte, comme il l'aurait fait vis-à-vis de toute autre personne, et que les qualifications ou souvenirs historiques rappelés en la circonstance n'auraient pu l'empêcher de faire son devoir.

M. Floquet émit l'opinion qu'on ne pouvait rester en face de ces déclarations des prétendants sans protester et déposa, en en demandant l'urgence, la proposition suivante :

« Article premier. — Le territoire de la France, de l'Algérie et « des colonies est interdit à tous les membres des familles qui ont « régné en France.

« Art. 2. — Les personnes désignées dans le précédent article ne « pourront jouir en France d'aucun droit politique. »

Un ordre motivé fut en outre présenté par MM. Martin-Feuillée, Mir, etc., ainsi conçu :

« La Chambre, approuvant la conduite du Gouvernement, passe à « l'ordre du jour ».

Cet ordre motivé mis aux voix fut adopté par 417 voix contre 89 sur 506 votants ; le prince Napoléon resta donc incarcéré et la justice allait avoir son cours.

La loi du 29 juillet 1881 qui régissait en ce moment la presse et l'affichage tolérait toutes les attaques possibles contre le Gouvernement établi, et bornait la culpabilité aux cas où les provocations seraient suivies d'effet. Cette loi laissait le Gouvernement désarmé en présence des provocateurs ; il était important de la modifier.

A la suite de ce débat, le ministère déposa deux projets de lois, l'un pour régler l'état civil et politique des membres des familles ayant régné en France, l'autre pour introduire des modifications reconnues nécessaires dans la dernière loi sur la presse et la publicité.

M. Ballue avait déposé à la Chambre, au nom de M. Lockroy, une autre proposition de loi ayant pour objet de rayer immédiatement des cadres de l'armée française les princes de la famille d'Orléans.

A la suite de toutes ces propositions, la division devint de plus en plus grande à la Chambre des députés et au sein même du Cabinet. Rien pourtant ne menaçait nos institutions républicaines solidement établies, et la sécurité était absolue.

La commission chargée d'examiner la proposition de M. Floquet, après une discussion de plusieurs jours en présence des ministres, déposa son rapport à la séance du 27 janvier 1883, il était ainsi conçu :

« Article premier. — Les membres des familles ayant régné en « France ne peuvent remplir aucun mandat électif, ni aucun emploi « civil ou militaire.

« Art. 2. — Un décret du Président de la République, rendu en « Conseil des ministres, pourra enjoindre à tout membre des familles « ayant régné en France et dont la présence serait de nature à com- « promettre la sûreté de l'Etat, de sortir immédiatement du territoire « de la République.

« Art. 3.— Toute personne énoncée à l'article précédent qui, après « avoir été conduite à la frontière et être sortie de France par suite « des mesures susdites, y serait rentrée sans autorisation du Gouver-

« nement, sera traduite devant les tribunaux correctionnels et « condamnée à un emprisonnement de un à cinq ans. »

Dès la lecture de ce rapport, M. Bourgeois n'admettant pas que sous un Gouvernement libéral on puisse proposer une loi d'exception fit connaître qu'il ne l'accepterait pas.

En l'absence de M. Duclerc, malade, quelques-uns des ministres avaient accepté les termes du rapport de la commission, mais le président du Conseil consulté voulut s'en tenir strictement au projet de loi déposé par le Gouvernement sur le bureau de la Chambre. — La dissidence la plus complète existait donc au sein du Cabinet.

La question préalable, mise aux voix, fut refusée à la majorité de 400 voix contre 98 sur 538 votants.

A la suite de ce vote, M. Duclerc, président du Conseil, et ses collègues remirent leurs démissions entre les mains du Président de la République qui ne les a acceptées momentanément qu'à la condition que la plupart d'entre eux conserveraient leur portefeuille dans le nouveau Cabinet, présidé par M. Fallières. — Tous ont sur cette proposition retiré leur démission, à l'exception de MM. Duclerc, président du Conseil, ministre de l'Intérieur, Jauréguiberry, ministre de la Marine, et Billot, ministre de la Guerre. — Ce dernier fut remplacé par le général Thibaudin, et les intérims de l'Intérieur et de la Marine furent confiés, le premier à M. Fallières et le second à M. de Mahy.

La démission du Cabinet du 7 août 1882 porte la date officielle du 29 janvier 1883, date de la nomination du ministère présidé par M. Fallières.

NOMINATION ET DÉMISSION

DU

Cabinet du 29 janvier 1883

18e MINISTÈRE DE LA IIIe RÉPUBLIQUE

7e Cabinet formé sous M. Grévy, Président.

DATES DES DÉCRETS de nomination.	PRÉSIDENT DU CONSEIL des Ministres.	NOMS ET QUALITÉS des MINISTRES NOMMÉS	MINISTÈRE auquel CHAQUE MINISTRE est affecté.	EN REMPLACEMENT de MM.	ÉVÉNEMENTS se rattachant A LA CONSTITUTION du Ministère.
	M.	M.			
Décret du 29 janvier 1883 signé à Paris.	**FALLIÈRES** Ministre de l'Intérieur et des Cultes, en remplacement de M. Duclerc.	»	»	»	Les ministres des Finances (M. Tirard), de l'Instruction publique et des Beaux-arts (M. Duvaux), du Commerce (M. Legrand), des Postes et télégraphes (M. Cochery), de l'Agriculture (M. de Mahy), des Travaux publics (M. Hérisson), conservent leur portefeuille respectif, sans avoir donné leur démission. —
Décret du 1er février 1883 signé à Paris.	»	**Thibaudin,** Général de division.	Guerre.	**Billot,** Général.	Les ministres des Affaires étrangères de la Marine et des Colonies, démissionnaires, ne sont pas remplacés, l'intérim de ces deux départements est fait, le premier, par M. Fallières, et le deuxième, par M. de Mahy, du 31 janvier au 21 février 1883, date à laquelle tombe le Cabinet présidé par M. Fallières.

DÉMISSION DU CABINET DU 29 JANVIER 1883

(18 février 1883)

La crise ministérielle ouverte par la démission de MM. Duclerc, Billot et Jauréguiberry était loin d'être terminée ; elle était au contraire devenue à l'état aigu dès le 13 février 1883, dans la constitution cependant toute récente du Cabinet présidé par M. Fallières. A la date précitée les ministres avaient même déjà remis leurs démissions entre les mains du Président de la République qui les pria d'ailleurs de conserver leur portefeuille respectif jusqu'à nouvel ordre. Il est vrai que le président du Conseil venait de tomber malade et ne pouvait s'occuper ni des affaires de son département, ni de celles du Gouvernement. D'un autre côté la question des prétendants non encore résolue tenait la Chambre des députés en suspens et y retardait toute besogne utile ou fructueuse. On accusait d'autre part les princes de se livrer à toutes sortes de manœuvres dans le but de discréditer le Gouvernement de la République, et le pays commençait à s'émouvoir de la situation politique ; enfin un certain nombre de commerçants de Paris avaient adressé au Président de la République une pétition pour lui signaler le préjudice que la crise actuelle causait aux intérêts matériels de la capitale. Tel était l'état à l'intérieur, tandis qu'à l'extérieur, notre voisine l'Angleterre achevait et complétait sa prise de possession de l'Egypte.

Le Sénat venait de voter le projet de loi relatif aux membres des familles ayant régné en France, et l'avait renvoyé à la Chambre après y avoir introduit une garantie en faveur des accusés en leur donnant des juges, motion qui ne pouvait guère convenir aux députés.

La discussion de ce projet de loi fut mise de nouveau à l'ordre du jour de la séance de la Chambre des députés du 14 février 1883. — M. Marcou, rapporteur de la commission chargée de l'examen de cette proposition, donna lecture du rapport et déclara que la commission, repoussant à l'unanimité le projet présenté par M. Fabre, s'était ralliée à celui de M. Floquet. — En conséquence, il proposa les dispositions suivantes :

« Article premier. — Le territoire de la France, de l'Algérie et « des colonies est interdit à tous les membres des familles ayant régné « en France.

« Art. 2. — Les personnes désignées dans l'article précédent ne « pourront jouir d'aucun droit politique. Dans les élections, les bulle- « tins portant les noms de ces personnes n'entreront pas en compte « dans le dépouillement du scrutin. Ces personnes ne peuvent à aucun « titre faire partie de l'armée française et à dater de la promulgation « de la présente loi, elles seront rayées des cadres de l'armée.

« Art. 3. — Toute personne désignée dans l'article premier qui « aura contrevenu aux dispositions de la présente loi sera traduite « devant les tribunaux correctionnels et pourra être condamnée à un « emprisonnement de un à cinq ans. Après l'expiration de la peine, « elle sera reconduite à la frontière. »

Après cette lecture, M. Devès, ministre de la Justice, demandant la parole, fit la déclaration suivante :

« Les ministres ont demandé à être relevés de leurs fonctions; « M. le Président de la République n'a pas encore accepté cette démis- « sion dont l'unique motif est la maladie de M. Fallières, président « du Conseil.

« En l'état le Cabinet conserve ses fonctions. Constitutionnellement « il n'existe donc aucun obstacle à ce que les ministres prennent part « à la discussion du rapport de M. Marcou; mais il peut y avoir dans « un sens opposé des convenances parlementaires dont le Cabinet ne « saurait se faire juge.

« C'est à la Chambre à dire si elle veut ouvrir le débat; mes collè- « gues et moi nous sommes entièrement à ses ordres. »

La Chambre, consultée, accepta la discussion immédiate.

M. Floquet, après avoir émis l'opinion qu'il trouvait sa proposition primitive, plus nette, plus loyale et plus efficace, finit par se rallier à la politique de conciliation.

Après une longue discussion dans laquelle MM. Madier de Montjau, Marcou et Martin-Feuillée prirent la parole, ce dernier présenta un contre-projet que le Gouvernement s'empressa d'accepter.

Ce contre-projet mis aux voix donna au scrutin les résultats suivants :

Pour l'article 1er qui décrète l'expulsion facultative :

Nombre de votants............	496	la Chambre des députés a adopté.
Majorité......................	249	
Pour l'adoption................	313	
Contre l'adoption..............	183	

Pour l'article 2 qui établit une sanction pénale :

Nombre de votants............	451	la Chambre des députés a adopté.
Majorité......................	226	
Pour l'adoption................	308	
Contre l'adoption..............	143	

Pour l'ensemble du projet :

Nombre de votants............	490	la Chambre des députés a adopté.
Majorité......................	246	
Pour l'adoption................	317	
Contre l'adoption..............	173	

Après ces votes successifs, conformes du reste à la politique acceptée par le Cabinet, M. Laisant déposa une demande d'interpellation sur les mesures que le Gouvernement comptait prendre à l'égard des princes pourvus de grades dans l'armée. Le ministre de la Guerre accepta la discussion immédiate. La loi était à peine votée et non encore portée devant le Sénat que le Gouvernement était interpellé sur sa mise à exécution. C'est un incident des plus significatifs qui donnait une juste idée de la confiance que le Cabinet inspirait à la Chambre. Malgré le bon vouloir du général Thibaudin, l'interpellation fut remise à huitaine par 324 voix contre 185.

Enfin ce fut au tour du Sénat à se prononcer pour la deuxième fois sur le fameux projet de loi relatif aux princes. La commission sénatoriale, chargée d'examiner les propositions adoptées par la Chambre des députés, présenta ses conclusions par l'organe de son rapporteur, M. Allou, dans la séance du 17 février 1883.

Après des discours prononcés par MM. Challemel-Lacour et Waddington, le Sénat, consulté, accepta de passer à la discussion des articles.

Le président donna lecture de l'article premier de la commission ainsi conçu :

« Un décret du Président de la République, rendu en Conseil des

« ministres, pourra enjoindre à tout membre d'une famille ayant régné « en France et dont les manifestations ou les actes seraient de nature « à compromettre la sûreté de l'Etat, de sortir immédiatement du ter- « ritoire de la République. »

M. Devès, ministre de la Justice, déclara au nom du Gouvernement accepter la disposition dont la lecture venait d'être faite.

L'article mis aux voix donna les résultats suivants :

Nombre de votants	279
Majorité absolue	140
Pour l'adoption	137
Contre l'adoption	142

Le Sénat n'a pas adopté l'article 1er accepté par le Gouvernement.

A la suite de ce vote, les ministres remirent de nouveau leurs démissions à M. le Président de la République qui les accepta à la date officielle du 18 février 1883.

NOMINATION ET DÉMISSION

DU

Cabinet du 21 février 1883

19e MINISTÈRE DE LA IIIe RÉPUBLIQUE

8e Cabinet formé sous M. Grévy, Président.

DATE DU DÉCRET de nomination.	PRÉSIDENT DU CONSEIL des Ministres.	NOMS ET QUALITÉS des MINISTRES NOMMÉS.	MINISTÈRE auquel CHAQUE MINISTRE est affecté.	EN REMPLACEMENT de MM.	MUTATIONS SURVENUES DANS LE CABINET PENDANT SA DURÉE — DATES DES DÉCRETS de nomination.	NOM ET QUALITÉ du MINISTRE NOMMÉ.	MINISTÈRE auquel CHAQUE MINISTRE est affecté.	EN REMPLACEMENT de MM.	ÉVÉNEMENTS se rattachant A LA CONSTITUTION du Ministère.
Décret du 21 février 1883 signé à Paris.	M. **FERRY** (Jules), Ministre de l'Instruction publique et des Beaux-arts.	MM. **Ferry** (Jules), Député.	Instruction publique et Beaux-arts.	**Duvaux.**	20 novembre 1883.	MM. **Fallières,** Député.	Instruction publique et Beaux-arts.	**Ferry** (Jules).	Par décret du 27 février 1883, l'administration des Cultes est détachée du ministère de l'Intérieur et réunie au ministère de la Justice.
		Challemel-Lacour, Sénateur.	Affaires étrangères.	**Duclerc.**	20 novembre 1883.	**Ferry** (Jules), Ministre de l'Instruction publique et des Beaux-arts.	Affaires étrangères.	**Challemel-Lacour.**	
		Martin-Feuillée, Député.	Garde des sceaux, Justice.	**Devès.**					
		Waldeck-Rousseau, Député.	Intérieur et Cultes.	**Fallières.**					
		Tirard, Député.	Finances.	(Renommé.)					
		Thibaudin, Général de division.	Guerre.	(Renommé.)	9 octobre 1883.	**Campenon,** Général de division.	Guerre.	**Thibaudin,** Général.	
					3 janvier 1885.	**Lewal,** Général de division.	Guerre.	**Campenon,** Général.	
		Brun (Charles), Sénateur, membre du Conseil d'Amirauté.	Marine et Colonies.	**Jauréguiberry,** Vice-amiral.	9 août 1883.	**Peyron,** Vice-amiral.	Marine et Colonies.	**Brun** (Charles),	
		Raynal (David), Député.	Travaux publics.	**Hérisson.**					
		Hérisson, Député.	Commerce.	**Legrand** (Pierre).	13 octobre 1884.	**Rouvier,** Député.	Commerce.	**Hérisson.**	
		Cochery, Député.	Postes et télégraphes.	(Renommé.)					
		Méline, Député.	Agriculture.	**De Mahy.**					

DÉMISSION DU CABINET DU 21 FÉVRIER 1883

(30 mars 1885)

Vers la fin du mois de mars 1885, les nouvelles de l'expédition du Tonkin n'étaient pas très rassurantes, et il était difficile que la Chambre se séparât en vue des vacances de Pâques sans avoir mis préalablement le Gouvernement en demeure de donner des explications sur l'état de nos affaires en Extrême-Orient. Ce fut la tâche qu'entreprit M. Granet à la séance du 28 mars 1885. L'auteur de l'interpellation accusait le Gouvernement d'avoir engagé peu à peu le pays dans une guerre importante et pouvant devenir considérable, tout en niant qu'il y eût guerre; selon lui, on agissait ainsi pour se soustraire au vote obligé de la Chambre, on violait la Constitution, on affaiblissait l'action diplomatique, on paralysait l'action militaire, et en prolongeant ainsi la guerre, on n'apportait aucune solution à cette grande question du Tonkin. M. Granet affirmait en outre que les renforts arrivaient trop tard et que les crédits étaient toujours insuffisants; il reprochait au Cabinet de n'avoir su faire ni la guerre comme elle devait être faite, ni la paix comme elle était possible et d'avoir ainsi placé le pays « entre le déshonneur d'une reculade et les témérités d'une folie » (*sic*).

Le président du Conseil répondit que le Gouvernement poursuivait toujours le même but, nettement défini, l'exécution du traité du 11 avril 1884. Si on préfère une marche sur Pékin, ajoute M. Ferry, c'est à la Chambre à la décider. Il déclara en outre qu'il poursuivait la politique claire et limitée qu'il s'était imposée et affirma que tous les renforts demandés par les généraux Brière de l'Isle et de Négrier leur avaient été envoyés.

A la suite de cette discussion, M. Rivet présenta un ordre du jour ainsi conçu : « La Chambre, convaincue qu'une politique plus claire et « plus prévoyante peut seule amener une solution favorable, passe à « l'ordre du jour. »

Ce premier texte fut repoussé par 251 voix contre 224, avec 27 voix par conséquent de majorité.

MM. Ribot et Francis Charmes présentèrent alors le deuxième ordre du jour suivant :

« La Chambre, confiante dans la bravoure de son armée et dans « l'énergie de ses chefs, passe à l'ordre du jour. »

Cette ordre fut couvert d'applaudissements ; il n'y était pas d'ailleurs question du Gouvernement.

Le président du Conseil demanda ensuite l'ordre du jour pur et simple qui fut voté par 273 voix contre 227. Le Gouvernement avait donc, sinon la confiance, du moins la majorité.

Mais le soir même du jour où cette discussion avait lieu à la Chambre, le ministre de la Guerre recevait du général Brière de l'Isle le télégramme suivant :

« Je vous annonce avec douleur que le général de Négrier grièvement blessé a été contraint d'évacuer Lang-Son.

« Les Chinois, débouchant par grandes masses et sur trois colonnes, « ont attaqué avec impétuosité nos positions en avant de Kilua. Le « colonel Herbinger devant cette grande supériorité numérique et « ayant épuisé ses munitions m'informe qu'il est obligé de rétrograder « sur Dong-Son et Than-Moï.

« Je concentre tous mes moyens d'action sur les débouchés de Chu « et de Kep. L'ennemi grossit toujours sur le Song-Koï. Quoi qu'il « arrive, j'espère pouvoir défendre tout le Delta. Je demande au Gou- « vernement de m'envoyer le plus tôt possible de nouveaux renforts. »

Ces nouvelles produisirent à Paris une profonde émotion. On rendait hommage à la vaillance de quelques milliers de braves qui s'étaient battus contre des troupes dix fois supérieures, mais on déplorait le résultat de la campagne.

Dans un conseil de Cabinet tenu aussitôt au ministère des Affaires étrangères sous la présidence de M. Jules Ferry, il fut décidé que des renforts seraient immédiatement envoyés au général Brière de l'Isle et que le Gouvernement déposerait le lendemain mardi 30 mars 1885 une demande de crédit de 200 millions, 100 millions pour le département de la Guerre et 100 millions pour celui de la Marine.

L'animation était grande au Palais-Bourbon le 30 mars 1885 bien avant l'heure de la séance ; elle ne l'était pas moins au dehors où se pressaient des flots de curieux et d'impatients.

A trois heures, le président de la Chambre, M. Brisson, donne la parole à M. le président du Conseil. M. Jules Ferry, en faisant part de ses espérances déçues, annonce que des ordres ont été donnés à l'amiral Courbet en vue d'organiser le blocus du golfe de Petcheli et que des mesures ont été prises pour expédier au Tonkin, en Cochinchine et à Hué de nouveaux bataillons et de nouvelles batteries d'artillerie afin de venger l'échec de Lang-Son et de soutenir notre honneur dans le monde entier. Il demanda alors qu'un crédit de 200 millions fût voté pour la guerre de Chine.

Les paroles de M. Jules Ferry furent accueillies par de violentes interruptions et des exclamations de toutes sortes.

M. Clémenceau demanda de réserver pour une mûre délibération la question et déposa l'ordre du jour suivant :

« La Chambre, résolue à voter les crédits nécessaires pour venir au « secours des soldats français dans l'Extrême-Orient et condamnant le « ministère, passe à l'ordre du jour. »

Après un éloquent et véhément réquisitoire, M. Raoul Duval fit la proposition suivante :

« La Chambre, résolue à faire tous les sacrifices pour maintenir « l'intégrité de l'honneur national et confiante dans la valeur de « l'armée, blâme les fautes commises, regrette de n'avoir pas connu « jusqu'ici la vérité et passe à l'ordre du jour. »

Le président du Conseil, usant de son droit et voulant séparer la question militaire de la question ministérielle, demanda que la priorité fût accordée au projet de crédit. Mais cette priorité fut refusée par 306 voix contre 149. M. Jules Ferry comprenant le sens de ce vote sortit de la salle pour aller remettre sa démission à M. le Président de la République et fut suivi par les autres ministres.

Le Cabinet du 21 février 1883, après une assez longue existence, a été renversé par une majorité écrasante.

M. Brisson, président de la Chambre, fut chargé de former un nouveau Cabinet.

NOMINATION ET DÉMISSION

DU

Cabinet du 6 avril 1885

20e MINISTÈRE DE LA IIIe RÉPUBLIQUE

9e Cabinet formé sous M. Grévy, Président.

DATE DU DÉCRET de nomination.	PRÉSIDENT DU CONSEIL des Ministres.	NOMS ET QUALITÉS des MINISTRES NOMMÉS.	MINISTÈRE auquel CHAQUE MINISTRE est affecté.	EN REMPLACEMENT de MM.	MUTATIONS SURVENUES DANS LE CABINET PENDANT SA DURÉE				ÉVÉNEMENTS se rattachant A LA CONSTITUTION du Ministère.
					DATES DES DÉCRETS de nomination.	NOM ET QUALITÉ du MINISTRE NOMMÉ.	MINISTÈRE auquel CHAQUE MINISTRE est affecté.	EN REMPLACEMENT de MM.	
Décret du 6 avril 1885. signé à Paris.	M. BRISSON (Henri), Garde des sceaux, Ministre de la Justice.	MM. **Brisson** (Henri), Député.	Garde des sceaux, Justice.	**Martin-Feuillée.**		MM.			Par décret du 6 avril 1885, l'administration des Cultes est détachée de la Justice et rattachée au ministère de l'Instruction publique et des Beaux-arts.
		De Freycinet, Sénateur, Membre de l'Institut.	Affaires étrangères.	**Ferry** (Jules).					
		Allain-Targé, Député.	Intérieur.	**Waldeck-Rousseau.**					
		Clamageran, Sénateur.	Finances.	**Tirard.**	16 avril 1885.	**Carnot** (Sadi), Ministre des travaux publics.	Finances.	**Clamageran.**	
		Campenon, Général de division.	Guerre.	**Lewal,** Général.					
		Galiber, Contre-amiral.	Marine et Colonies.	**Peyron,** Vice-amiral.					
		Goblet (René), Député.	Instruction publique, Beaux-arts et Cultes.	**Fallières.**					
		Carnot (Sadi), Député.	Travaux publics.	**Raynal.**	16 avril 1885.	**Demôle,** Sénateur.	Travaux publics.	**Carnot** (Sadi).	
		Legrand (Pierre), Député.	Commerce.	**Rouvier.**	9 novembre 1885.	**Dautresme,** Député.	Commerce.	**Legrand** (Pierre).	
		Sarrien, Député.	Postes et télégraphes.	**Cochery.**					
		Hervé-Mangon, Député, Membre de l'Institut.	Agriculture.	**Méline.**	9 novembre 1885.	**Gomot,** Député.	Agriculture.	**Hervé-Mangon.**	

DÉMISSION DU CABINET DU 6 AVRIL 1885

(29 décembre 1885)

Un traité de paix venait d'être signé avec les Hovas à des conditions les plus honorables pour le pays, puisqu'il stipulait la reconnaissance du protectorat de la France sur l'île et l'installation d'un résident français à Tananarive: quant à la question du Tonkin, elle était en suspens. Le ministère avait confirmé dans la séance du Cabinet du 22 décembre 1885 à l'unanimité le plan d'organisation exposé à la commission par M. Brisson. Le président du Conseil considérait que les fruits de l'expédition seraient certainement recueillis avant peu, qu'il était important de prendre et de tenir pied dans un monde que l'Europe se disputerait peut-être au siècle prochain, et que le devoir d'une grande nation comme la France était de porter ses regards au delà du lendemain. Aussi demandait-il non seulement le maintien de nos troupes, mais encore les crédits nécessaires pour l'assurer. Le Gouvernement avait donc l'intention bien arrêtée de s'opposer à toute évacuation immédiate ou progressive et de demander un vote intégral des crédits en y attachant cette signification.

M. Pelletan, au contraire, exprimait dans son rapport l'avis qu'il fallait à tout prix abandonner le Tonkin et demandait une évacuation immédiate; il prétendait que ceux qui nous avaient engagés dans cette affaire devaient nous en retirer, sans songer aux conséquences qui en seraient résultées; c'est-à-dire, d'une part, l'anarchie, la révolte et le massacre des nôtres par les indigènes, pendant leur retraite, et d'un autre côté le déshonneur pour la France réduite à une retraite complète après l'échec de Lang-Son. D'un autre côté, si l'extrême gauche venait à renverser le Cabinet en refusant les crédits, cette partie de la Chambre avait le devoir de prendre sa place et d'assurer la responsabilité de l'évacuation qu'elle conseillait.

Telle était la situation, lorsque la discussion de la demande de crédit vint à l'ordre du jour de la séance de la Chambre du 28 décembre 1885. Cette séance dura neuf heures; enfin les députés votèrent par 274 voix contre 270, la majorité étant de 273, le premier des crédits du Tonkin soumis à leur approbation.

Une victoire remportée dans de pareilles conditions prouvait que le Cabinet devait son succès relatif bien plus à l'impossibilité de le remplacer en ce moment qu'à la confiance inspirée par sa politique. Le rejet du projet présenté par le Gouvernement aurait en effet renversé le Cabinet et aurait ainsi déterminé une crise d'autant plus regrettable qu'on touchait à la veille de la réunion du Congrès pour la réélection du Président de la République. La situation créée aux ministres par une aussi faible majorité était bien faite pour les décourager, mais il ne pouvait être question de modifications ministérielles avant le Congrès. M. Brisson trouvait là une occasion toute naturelle de remettre la démission collective du Cabinet à M. Grévy, qui devait être de nouveau investi des fonctions présidentielles; il ne pouvait en tout cas faire partie d'une combinaison nouvelle, car si le Gouvernement avait obtenu le vote des crédits, il le devait au général Campenon, ministre de la Guerre, et au ministre des Affaires étrangères qui sauvèrent la situation. Le ministère, qui était hors d'état de gouverner avec une majorité presque négative, était d'ailleurs déjà disloqué par la retraite de l'amiral Galiber dont la démission avait été donnée antérieurement à la séance du 24 décembre, par suite de la déclaration faite à la Chambre par le président du Conseil de détacher les Colonies de l'administration de la Marine pour en former un département spécial. Il fut toutefois convenu que les ministres ne donneraient leur démission officielle qu'après la réunion du Congrès. Aussi dès le 29 décembre 1885, lendemain de la réélection de M. Grévy aux fonctions présidentielles, après une réunion du Conseil des ministres, M. Brisson, résolu à se retirer, lui remit la démission collective du Cabinet; le Président de la République répondit qu'il n'avait aucun motif pour l'accepter, puisqu'il restait lui-même au pouvoir et que la situation politique ne s'était pas modifiée. Mais M. Brisson, considérant que le Cabinet avait été mis effectivement en minorité dans le vote sur les crédits du Tonkin, maintint sa résolution et M. Grévy fut forcé d'accepter la démission qui lui était offerte et qui porte la date du 29 décembre 1885 précitée.

Toutefois, en raison de l'approche du 1er janvier et des réceptions officielles qu'il entraîne, les ministres restèrent à leur poste respectif jusqu'à la formation du nouveau Cabinet, c'est-à-dire jusqu'au 7 janvier 1886.

RÉÉLECTION DE M. GRÉVY

COMME PRÉSIDENT DE LA RÉPUBLIQUE

(A compter du 30 janvier 1886)

Congrès du 28 décembre 1885.

En vertu des articles 2 et 3 de la loi constitutionnelle du 16 juillet 1875, le Sénat et la Chambre des députés furent convoqués, par décret du 24 décembre 1885, à l'effet de se réunir en congrès, à Versailles, le 28 du même mois, pour procéder à l'élection du Président de la République dont les pouvoirs touchaient à leur terme (30 janvier 1886).

Le *Journal officiel* publiait en outre l'ordre du jour de cette séance qui était ainsi conçu : A une heure. — Séance publique. — Scrutin pour l'élection du Président de la République.

Depuis un certain temps l'idée de réélection de M. Grévy avait rencontré de l'opposition de la part d'un certain nombre de membres républicains du Sénat et de la Chambre, tant pour des raisons d'ordre personnel que pour des motifs de politique générale, aussi une réunion des gauches eut lieu la veille du Gongrès en vue d'examiner s'il y avait lieu de voter de nouveau pour M. Grévy, mais les 80 députés présents sur les 273 convoqués abandonnèrent cette idée, en présence de leur petit nombre. M. Grévy resta donc seul candidat.

Le lundi, 28 décembre 1885, les deux Assemblées étaient réunies à Versailles en Congrès. A une heure M. Le Royer ouvrit la séance.

M. de Kerdrel demanda la parole afin de lire une déclaration de la droite tendant à l'ajournement du Congrès jusqu'à la validation des élections qui venaient d'avoir lieu dans plusieurs départements; mais le sénateur du Morbihan ne put arriver à se faire entendre au milieu du tumulte et le vote commença.

Ce vote eut lieu par appel nominal et dura une heure vingt-cinq ; 589 membres seulement, sur 856 sénateurs et députés, y prirent part. Il y eut donc 267 abstentions dues en grande partie à la droite.

Le dépouillement du scrutin donna les résultats suivants :

Nombre de votants	589
Bulletins blancs ou nuls	13
Suffrages exprimés	576
Majorité absolue	289

Ont obtenu :

M. Grévy	457
M. Brisson	68
M. de Freycinet	14
M. Anatole de la Forge	10
M. Le Royer	6

et 21 voix furent données à différents personnages.

Les pouvoirs de M. Grévy, Président de la République, furent par ce vote renouvelés à l'expiration de son mandat. M. Grévy fut réélu pour une période de sept années, à compter du 30 janvier 1886 époque à laquelle prenait fin le mandat qu'il reçut le 30 janvier 1879; — les nouveaux pouvoirs dont il fut investi devaient donc expirer le 30 janvier 1893.

Il n'y a eu sous la deuxième présidence de M. Jules Grévy que trois ministères dont le premier était le vingt et unième de la IIIe République.

NOMINATION ET DÉMISSION

DU

Cabinet du 7 janvier 1886

21e MINISTÈRE DE LA IIIe RÉPUBLIQUE

10e Cabinet formé sous M. Grévy, Président (réélu).

DATE DU DÉCRET de nomination.	PRÉSIDENT DU CONSEIL des Ministres.	NOMS ET QUALITÉS des MINISTRES NOMMÉS.	MINISTÈRE auquel CHAQUE MINISTRE est affecté.	EN REMPLACEMENT de MM.	MUTATIONS SURVENUES DANS LE CABINET PENDANT SA DURÉE				ÉVÉNEMENTS se rattachant A LA CONSTITUTION du Ministère.
					DATE DU DÉCRET de nomination.	NOM ET QUALITÉ du MINISTRE NOMMÉ.	MINISTÈRE auquel LE MINISTRE est affecté.	EN REMPLACEMENT de M.	
Décret du 7 janvier 1886 signé à Paris.	De FREYCINET Ministre des Affaires étrangères.	MM. **De Freycinet,** Sénateur, Membre de l'Institut.	Affaires étrangères.	(Renommé.)		M.			Suivant rapport du 7 janvier 1886, le ministère du Commerce portera à l'avenir le titre de ministère du Commerce et de l'Industrie.
		Demôle, Sénateur.	Garde des sceaux, Justice.	**Brisson** (Henri).					
		Sarrien, Député.	Intérieur.	**Allain-Targé.**					
		Carnot (Sadi), Député.	Finances.	(Renommé.)					
		Boulanger, Général de division.	Guerre.	**Campenon,** Général.					
		Aube, Contre-amiral.	Marine et Colonies.	**Galiber,** Amiral.					
		Goblet (René), Député.	Instruction publique Cultes et Beaux-Arts.	(Renommé.)					
		Baïhaut, Député.	Travaux publics.	**Demôle.**	4 novembre 1886.	**Millaud** (Edouard).	Travaux publics.	**Baïhaut**	
		Lockroy, Député.	Commerce et Industrie.	**Dautresme.**					
		Develle, Député.	Agriculture.	**Gomot.**					
		Granet, Député.	Postes et télégraphes.	**Sarrien.**					

DÉMISSION DU CABINET DU 7 JANVIER 1886

(3 décembre 1886)

Bien que le nom de M. Colfavru paraisse étranger, ce personnage n'en est pas moins très connu dans les sphères parlementaires. Il était déjà député de Seine-et-Oise en 1886, et fut l'auteur de nombreuses interpellations dont la plus célèbre entraîna la démission du Cabinet du 7 janvier 1886, présidé cependant par un maître entre tous, M. de Freycinet. Il fut, en outre, et on doit le signaler à son plus grand éloge, un des membres de la Chambre qui se rendirent près de M. Sadi Carnot, le 3 décembre 1888, pour lui signaler que le centenaire de 1789 ne pouvait être bien fêté qu'avec la présidence d'un descendant du grand Carnot.

Or, la discussion du budget de l'exercice 1887 était depuis quelques jours commencée à la Chambre, lorsque M. Colfavru, à la séance du 2 décembre 1886 et, à propos du chapitre Ier du budget du ministère de l'Intérieur auquel émargeait le sous-secrétaire d'Etat de ce département, proposa un amendement tendant à la suppression des sous-secrétaires d'État. Ce député rappela que cette institution était née de la monarchie et que ce grief seul suffisait pour décider en principe son abolition; il essaya, en outre, à ce propos de faire prévaloir l'opinion peu répandue que si les sous-secrétaires d'État et les ministres n'étaient pas choisis dans le Parlement les affaires du pays n'en iraient que mieux.

M. de Freycinet n'eut pas de peine à prouver à la Chambre que cette question touchait à l'existence du régime parlementaire et exigerait par cela même des modifications à la Constitution, terrain sur lequel MM. les députés se souciaient peu d'entrer à propos d'un vote de crédit du budget.

Contrairement à la manière de voir de M. Colfavru, M. Steenackers démontra que les sous-secrétaires d'État étaient les meilleurs agents de l'épuration du personnel administratif et demanda qu'on renforçât leur action.

Aussi la question de principe relative aux sous-secrétaires d'État fut posée et votée par 275 voix contre 238.

Mais M. Colfavru, dont la proposition fut repoussée, voulut prendre sa revanche contre le Cabinet dès le lendemain de sa défaite, c'est-à-dire à la séance du 3 décembre; il fut plus heureux que la veille, aussi fut-il dénommé le grand vainqueur du jour.

Il s'agissait de voter le crédit de trois millions nécessaire à l'existence des 274 sous-préfets existant en France et en Algérie.

Cette institution, selon M. Colfavru, avait, comme celle des sous-secrétaires d'État, une tache originelle, elle avait le malheur de dater de l'an VIII qui vit supprimer la souveraineté nationale. Ce grief était suffisant à ses yeux pour la faire disparaître d'un trait de plume par la radiation du crédit demandé pour eux au budget.

M. Sarrien, ministre de l'Intérieur, déclara qu'il y a des textes législatifs qui confèrent aux sous-préfets certaines attributions qu'on ne peut abroger. « Si le sous-préfet est supprimé, dit-il, l'arrondissement disparaîtra avec lui et l'on sera forcé de déléguer un conseiller de préfecture pour le remplacer, ce qui nécessitera des indemnités et des dépenses considérables. » Le ministre reconnut qu'il pouvait être fait des réductions dans le personnel visé, et assura que le Gouvernement s'en était déjà préoccupé et s'en occuperait encore.

M. Raoul Duval, prenant ensuite la parole, fit remarquer que la suppression des sous-préfets, qu'il considérait comme un personnel inutile, devait être la première étape à parcourir dans la voie des réformes administratives; il ne demandait pas que la suppression fût complète et immédiate et consentait seulement à une réduction de 1,400,000 francs.

Le président du Conseil aborda enfin la question. Il regarda comme une nécessité de conserver dans les sous-préfectures la représentation de l'autorité gouvernementale. Le sous-préfet a pour mission de défendre les institutions républicaines, et ce serait vouloir amoindrir le pouvoir lui-même que d'essayer de supprimer ce fonctionnaire. M. de Freycinet supplia ensuite le parti républicain de la Chambre de se défendre contre des impatiences généreuses qui l'entraîneraient à abandonner des garanties indispensables et ajouta que le Gouvernement, ainsi que l'a dit le ministre de l'Intérieur, comptait présenter dès le commencement de l'année 1887 un projet de loi dans lequel certains arrondissements seraient supprimés.

M. le comte de Douville-Maillefeu monta à la tribune et demanda que toutes les institutions de l'an VIII fussent supprimées.

MM. Colfavru et le comte de Douville-Maillefeu remportèrent la victoire. La suppression des sous-préfets par voie budgétaire fut votée par 262 voix contre 249.

Aussitôt après la proclamation du scrutin qui mettait le Cabinet en minorité de 13 voix, les ministres se réunirent au ministère des Affaires étrangères et se prononcèrent pour la remise immédiate de la démission collective du Cabinet. La question de confiance ayant été nettement posée au cours de la discussion, M. de Freycinet, malgré les instances de M. Grévy, déclara que le vote émis imposait au Cabinet le devoir de se retirer.

Cette démission porte la date officielle du 3 décembre 1886.

La crise ministérielle ouverte par les événements qui précèdent a de particulier qu'elle eut lieu vers la fin de l'année et au moment même de la discussion du budget, ce qui est toujours préjudiciable aux intérêts du commerce et du pays.

NOMINATION ET DÉMISSION

DU

Cabinet du 12 décembre 1886

22e MINISTÈRE DE LA IIIe RÉPUBLIQUE

11e Cabinet formé sous M. Grévy, Président (réélu).

DATE DU DÉCRET de nomination.	PRÉSIDENT DU CONSEIL des Ministres.	NOMS ET QUALITÉS des MINISTRES NOMMÉS	MINISTÈRE auquel CHAQUE MINISTRE est affecté.	EN REMPLACEMENT de MM.	ÉVÉNEMENTS se rattachant A LA CONSTITUTION du Ministère.
Décret du 12 décembre 1886 signé à Paris.	M. **GOBLET** (René), Ministre de l'Intérieur et des Cultes.	MM. **Goblet** (René), Député.	Intérieur et Cultes.	**Sarrien.**	Par décret du 11 décembre 1886, l'administration des Cultes est détachée du ministère de l'Instruction publique et des Beaux-Arts et rattachée au ministère de l'Intérieur.
		Sarrien, Député.	Garde des sceaux, Justice.	**Demôle.**	
		Dauphin, Sénateur.	Finances.	**Carnot** (Sadi).	
		Boulanger, Général de division.	Guerre.	(Renommé.)	
		Aube, Vice-amiral.	Marine et Colonies.	(Renommé.)	
		Berthelot, Sénateur, Membre de l'Institut.	Instruction publique et Beaux-arts.	**Goblet** (René).	
		Millaud (Edouard), Sénateur.	Travaux publics.	(Renommé.)	
		Lockroy, Député.	Commerce et Industrie.	(Renommé.)	
		Develle, Député.	Agriculture.	(Renommé.)	
		Granet, Député.	Postes et télégraphes.	(Renommé.)	
Décret du 13 décembre 1886.	»	**Flourens,** Président de section au Conseil d'Etat.	Affaires étrangères.	**De Freycinet**	

DÉMISSION DU CABINET DU 12 DÉCEMBRE 1886

(18 mai 1887)

La commission chargée de l'examen du budget de 1888 s'était réunie le mercredi 11 mai 1887 à l'effet de s'entendre avec M. Goblet, président du Conseil et M. Dauphin, ministre des Finances, au sujet des critiques auxquelles avait donné lieu le projet présenté par le Gouvernement. La commission demandait de réaliser des économies afin de pouvoir équilibrer le budget.

Cette entrevue ne produisit aucun résultat ; la commission décida par suite de proposer à la Chambre l'ordre du jour suivant :

« La Chambre, considérant que les économies introduites dans le « budget de l'exercice 1888 sont insuffisantes, invite le Gouvernement « à lui soumettre de nouvelles propositions. »

M. Camille Pelletan, nommé rapporteur, déposa sur le bureau de la Chambre son rapport qui devait être lu le lundi suivant. Le Cabinet s'était montré unanime pour repousser l'ordre du jour proposé par la commission à la suite des explications fournies par lui. — La rupture était donc complète entre le ministère et la commission ; le premier déclara qu'il était à bout d'imagination, la seconde persistait à demander des réductions. Il appartenait à la Chambre de trancher la question.

Au Conseil des ministres on s'était en outre occupé du projet de loi sur les sucres dont la Chambre poursuivait la discussion. M. Ribot avait proposé un amendement ayant pour objet de désintéresser les fabricants des procédés employés pour l'extraction du sucre des mélasses. Le ministre des Finances s'était rallié à cet amendement qui avait pour conséquence d'exonérer le Trésor d'une partie de la prime due aux fabricants, ce qui aurait procuré un bénéfice de 8 millions pour l'année 1888.

Mais la commission du budget, ayant constaté que le ministère paraissait divisé sur la question, s'était prononcé contre l'amendement de M. Ribot, accepté par le Gouvernement.

La crise ministérielle qui devait naître de cette situation devenait inévitable.

Quant à la discussion du projet de loi sur le régime des sucres, elle continuait, à la Chambre, qui rejeta au fur et à mesure divers amendements proposés. Enfin, le rapport de M. Pelletan fut lu à la séance du 16 mai 1887. Dans ce document, la commission demandait la réforme budgétaire par le moyen de la réforme administrative et l'accomplissement du programme gouvernemental.

La Chambre fixa la discussion générale au lendemain. Toutefois, dès la séance du 16, on aborda l'examen de l'amendement de MM. Ribot et Méline au point de vue du chiffre du rendement. Le chiffre de 7 0/0 réclamé par le Gouvernement pour 1888 fut voté, ainsi que l'article premier. — Quant à l'article 2, il fut remis au surlendemain, 18 mai.

A cette séance, après un discours du président du Conseil, on passa à l'examen des divers amendements. Celui de MM. Anatole de La Forge, Émile Brousse et André Folliet ayant paru le plus clair, le Cabinet l'accepta et la Chambre lui accorda la priorité ; il était ainsi conçu :

« La Chambre, comptant sur le patriotisme du Gouvernement et de « la commission, affirmant de nouveau la nécessité d'une politique « d'économie, et attendant de l'accord du Gouvernement avec la com- « mission l'équilibre réel du budget, passe à l'ordre du jour. »

La Chambre vota et après pointage, le président annonça que l'amendement de M. Anatole de La Forge était repoussé par 275 voix contre 257.

Après ce vote, le président du Conseil déclara que le Gouvernement se désintéressait de la suite du débat et les ministres quittèrent leurs bancs.

Le projet de la commission qui triomphait fut finalement adopté par 312 voix contre 143.

Le Cabinet remit sa démission entre les mains du Président de la République à la date officielle du 18 mai 1887.

Ainsi que l'a déclaré le ministre des Finances à la tribune, la question ne portait pas seulement sur les économies budgétaires à réaliser et le conflit survenu entre le Cabinet et la commission, mais bien sur la politique générale du Gouvernement.

La chute de ce Cabinet est due aux adversaires de la politique radicale dans laquelle s'étaient engagés M. Goblet et ses collègues et à l'attitude du président du Conseil en présence des difficultés de l'extérieur qui commençaient à inquiéter les esprits. On regardait comme nécessaire la formation d'un nouveau Cabinet qui pourrait s'inspirer d'une politique ferme et uniforme. Ce fut M. Rouvier qui reçut la mission de le composer.

NOMINATION ET DÉMISSION

DU

Cabinet du 30 mai 1887

23e MINISTÈRE DE LA IIIe RÉPUBLIQUE

12e et dernier Cabinet formé sous M. Grévy, Président (réélu).

DATE DU DÉCRET de nomination.	PRÉSIDENT DU CONSEIL des Ministres.	NOMS ET QUALITÉS des MINISTRES NOMMÉS	MINISTÈRE auquel CHAQUE MINISTRE est affecté.	EN REMPLACEMENT de MM.	ÉVÉNEMENTS se rattachant A LA CONSTITUTION du Ministère.
Décret du 30 mai 1887 signé à Paris.	M. ROUVIER, Ministre des Finances.	MM. **Rouvier**, Député.	Finances.	**Dauphin.**	Par décret du 30 mai 1887, le ministère des Postes et télégraphes est supprimé et rattaché au ministère des Finances.
		Mazeau, Sénateur.	Garde des sceaux, Justice.	**Sarrien.**	
		Flourens (Emile), Président de section au Conseil d'Etat.	Affaires étrangères.	(Renommé.)	
		Fallières, Député.	Intérieur.	**Goblet** (René).	
		Ferron, Général de division.	Guerre.	**Boulanger**, Général.	
		Barbey, Sénateur.	Marine et Colonies.	**Aube**, Amiral.	
		Spuller, Député.	Instruction publique, Cultes et Beaux-arts.	**Berthelot.**	
		De Hérédia, Député.	Travaux publics.	**Millaud** (Edouard).	
		Dautresme, Député.	Commerce et Industrie.	**Lockroy.**	
		Barbe, Député.	Agriculture.	**Develle.**	

DÉMISSION DU CABINET DU 30 MAI 1887

(4 décembre 1887)

A la suite de la déplorable affaire dite des « Décorations », M. Gragnon, préfet de police, remit le 29 septembre 1887 à M. Goron, commissaire de police, sous-chef du service de la sûreté, un mandat à l'effet de rechercher et de saisir au domicile d'une dame Limouzin qui aurait commis à ce sujet de nombreuses escroqueries, toutes pièces et tous documents de nature à établir les délits dont elle se serait rendue coupable.

En vertu de ce mandat, deux perquisitions furent opérées chez cette femme, 32, avenue de Wagram, les 30 septembre et 2 octobre, et eurent pour résultat la découverte et la saisie de papiers parmi lesquels se trouvaient des lettres de M. Wilson, membre de la Chambre des députés.

Le 8 octobre 1887, la justice fut saisie de cette affaire à laquelle fut immédiatement mêlé le nom de M. Wilson, gendre du Président de la République.

Ainsi que l'avait fait connaître M. le procureur général Boucher dans son réquisitoire, il y avait le plus grand intérêt, en raison de la personnalité de M. Wilson et des attaques dont il fut l'objet, qu'aucune des pièces le concernant n'échappât à l'examen de la justice et ne fût distraite du dossier de l'information — tous les ordres furent donnés et toutes les précautions furent prises en conséquence et cent trente-deux pièces furent mises sous scellés et présentées par le juge d'instruction, M. Atthalin, à la dame Limouzin le 23 octobre à sa première comparution. Le scellé fut reconnu intact, mais la femme Limouzin fit observer qu'il ne lui paraissait pas contenir la totalité des pièces saisies à son domicile; elle précisa qu'il manquait notamment deux lettres à elle adressées par M. Wilson en 1884 et pouvant servir à sa défense, et protesta contre leur disparition. — Le lendemain, 24 octobre, le préfet de police reconnut en effet que, par suite d'une erreur, deux lettres signées Wilson avaient été omises et renfermées dans une deuxième scellé.

Ces lettres furent alors présentées à M. Wilson qui déclara les avoir écrites et adressées en 1884 à la dame Limouzin qui prétendit que ces lettres n'étaient pas les mêmes que celles reçues par elle. Les choses en restèrent là, lorsqu'à l'audience de la 10me chambre du tribunal de la Seine du 9 novembre, un incident relatif au filigrane du papier sur lequel ces lettres étaient écrites vint établir que, malgré les dénégations de M. Wilson, les lettres en question transmises au juge d'instruction n'étaient pas celles saisies au domicile de Mme Limouzin. — L'allégation de cette femme était donc vraie et les lettres disparues du dossier judiciaire avaient été remplacées avant leur transmission au Parquet ou au juge d'instruction, par des documents refaits dans le but d'égarer la justice. Les pièces saisies au cours de la perquisition par un officier de police judiciaire n'avaient pu être prises pour retourner à l'intéressé que par suite d'une soustraction frauduleuse. Quoi qu'il en soit, que le détournement ait été fait par un officier public ou par M. Wilson lui-même, ce dernier n'en était pas moins complice d'un fait délictueux.

Cette culpabilité, que l'on a tenu à expliquer ici, à cause des événements qui devaient suivre, au point de vue ministériel et présidentiel, ayant été prouvée d'une façon indubitable, le président de la Chambre fut invité par M. le procureur général Boucher à soumettre aux délibération de cette Assemblée la question de savoir si elle devait autoriser la poursuite, pendant la durée de la session, de M. le député Wilson sous l'inculpation de complicité de soustraction frauduleuse de pièces.

La Chambre fut saisie de cette question dans la séance du 17 novembre. La Commission fut d'avis que les faits imputés à M. Wilson et sa situation personnelle ne permettaient pas de le couvrir de l'immunité parlementaire, et elle conclut à l'unanimité, moins une voix, à l'autorisation des poursuites.

Le président de la Chambre mit aux voix l'urgence en faveur de laquelle tous les bras se levèrent.

Pendant que ces événements se passaient, M. Goblet déclara s'abstenir de voter les poursuites, et de partager la responsabilité de ses collègues de la Chambre. Le Garde des sceaux avait bien fait à la commission d'enquête une communication nette, loyale, et même accablante pour le préfet de police. Ce ne fut toutefois qu'à la date du 17 novembre, c'est-à-dire huit jours après la constatation de la soustraction des pièces du dossier Limouzin que M. Gragnon, préfet de police, fut remplacé par M. Léon Bourgeois.

Aussi M. Clémenceau se décida-t-il à déposer à la séance du 19 novembre une interpellation qui devait amener une crise ministérielle; le libellé en était très simple et très court, en tout, dix mots :

« Je demande à interpeller le Gouvernement sur la situation politique.

« *Signé :* Clémenceau. »

Le dépositaire demandait la discussion immédiate.

Le président du Conseil fit connaître que le Gouvernement ne pouvait accepter la discussion immédiate et donna les raisons suivantes :

La conversion de l'ancien fonds 4 1/2 0/0 en 3 0/0 était à la veille d'être opérée ; aux termes d'un arrêté fixant les conditions de l'opération, elle devait avoir lieu entre le 14 et le 23 novembre. Or, le Gouvernement considérait que la discussion immédiate dont l'issue était inconnue pouvait compromettre le succès de l'opération dont l'échec aurait le plus triste résultat sur le marché et pourrait déclasser plusieurs centaines de millions de rentes.

En donnant ces explications, M. Rouvier ajoutait que l'interpellation de M. Clémenceau visait non pas l'affermissement, mais surtout la chute du Cabinet et qu'il ne pouvait, pour les motifs énoncés, accepter de date antérieure à celle du 24 novembre.

Par 317 voix contre 228, la motion du président du Conseil tendant à ajourner la discussion au 24 novembre fut repoussée par la Chambre Ce vote fut le résultat de la coalition de la droite avec l'extrême gauche. Le Cabinet remit aussitôt sa démission entre les mains du Président de la République.

Mais M. Grévy ne parvenant pas à former un nouveau ministère, les ministres, sur sa demande et par décret du 30 novembre, retirèrent leurs démissions, à l'exception de M. Mazeau, Garde des sceaux, ministre de la Justice qui demeura démissionnaire. M. Fallières, ministre de l'Intérieur, par un décret de même date fut chargé de l'intérim du ministère de la Justice, jusqu'au 4 décembre suivant, date à laquelle le Cabinet présidé par M. Rouvier remit une deuxième fois sa démission qui fut définitivement acceptée. — Ils restèrent néanmoins encore à leurs postes jusqu'à la nomination de leurs successeurs, qui n'eut lieu que le 12 novembre 1887.

DÉMISSION DE M. GRÉVY

PRÉSIDENT DE LA RÉPUBLIQUE

(2 décembre 1887)

Le Cabinet du 30 mai 1887 venait d'être renversé et il importait, après la compromission de M. Wilson, gendre de M. Grévy, habitant avec lui le Palais de l'Élysée, de ne pas laisser plus longtemps entre ses mains le Pouvoir exécutif. M. Grévy qui avait été dénommé « le magistrat intègre », ne pouvait en rien être soupçonné et son honneur était sorti intact ; toutefois l'affection des siens l'avait aveuglé.

M. Clémenceau, d'autre part, avait déclaré que son interpellation avait deux buts, l'un de renverser le Cabinet qu'il considérait comme désireux d'étouffer le procès Wilson, l'autre une crise présidentielle qui aux yeux de tous paraissait nécessaire et urgente.

Le Président de la République d'après la Constitution n'est d'ailleurs responsable devant le Parlement que dans le cas de haute trahison, il ne pouvait donc subir aucune sommation ; aussi il manifesta à différentes reprises l'intention inébranlable de rester à son poste ; il n'admettait pas qu'une pression exercée par les députés puisse amener la démission du Président de la République ; selon lui ce serait la destruction de la Constitution qui fixe à sept ans la durée des pouvoirs du chef de l'État. M. Grévy manifesta l'intention de n'abandonner ses fonctions présidentielles que dans le cas où il ne parviendrait pas à former un Cabinet ; et qu'il ne donnerait sa démission que par un message motivé pour faire connaître ses sentiments sur la situation.

Dans cette crise, la politique n'était plus rien, elle s'effaçait devant les actes reprochés à M. Wilson qui en fut la véritable cause.

Après avoir vainement cherché un président de Conseil, M. Grévy pria, le 20 novembre, M. Clémenceau de former un Cabinet en lui laissant toute latitude pour le programme et le choix des personnes. M. Clémenceau, tout en affirmant qu'il n'avait jamais songé à fuir la responsabilité du pouvoir, qu'il aurait accueilli en toute autre circonstance, refusa d'accepter cette mission, parce que la crise n'était plus seulement ministérielle, mais encore présidentielle.

M. Grévy demandait chaque jour des conseils aux hommes politiques qui l'entouraient ; tous lui exprimaient le même avis, en lui faisant connaître qu'aucun homme ne se chargerait en un pareil moment d'accepter de former un Cabinet.

Enfin, à la date du 23 novembre, la crise entra dans une phase nouvelle et décisive. — M. le Président de la République annonça à M. Henry Maret que sa retraite était imminente ; mais il ne devait se retirer qu'à deux conditions :

La première, c'est que sa retraite pourrait s'effectuer d'une manière honorable, la seconde c'est qu'il serait dégagé de toute responsabilité.

Ce ne fut encore qu'après de nouvelles indécisions qui durèrent jusqu'au 1er décembre que M. Grévy se décida enfin à adresser à la Chambre des députés et au Sénat, le message suivant qui fut lu à la séance du 2 du même mois :

« Messieurs les Députés et Sénateurs, tant que je n'ai été aux prises « qu'avec les difficultés accumulées en ces derniers temps sur ma « route : les attaques de la presse, l'abstention des hommes que la « voix de la République appelait à mes côtés, l'impossibilité croissante « de constituer un ministère, j'ai lutté et je suis resté où m'attachait « mon devoir.

« Mais au moment où l'opinion publique, mieux éclairée, accentuait « son retour et me rendait l'espoir de former un Gouvernement, le « Sénat et la Chambre viennent de voter une double résolution qui, « sous la forme d'un ajournement à heure fixe pour attendre un mes- « sage promis, équivaut à une mise en demeure au Président de la « République de résigner son pouvoir.

« Mon devoir et mon droit seraient de résister ; mais, dans les « circonstances où nous sommes, un conflit entre le Pouvoir exécutif « et le Parlement pourrait entraîner des conséquences qui m'arrêtent « — la sagesse et le patriotisme me commandent de céder.

« Je laisse à ceux qui l'assument la responsabilité d'un tel précédent « et des événements qui peuvent le suivre.

« Je descends donc sans regrets, mais non sans tristesse, du Pouvoir « où j'ai été élevé deux fois sans le demander et où j'ai la conscience « d'avoir fait mon devoir.

« J'en appelle à la France..., etc.

« Je dépose sur le bureau de la Chambre des députés ma démission « des fonctions de Président de la République.

« *Signé :* GRÉVY. »

Les Chambres ont pris acte de cette démission et résolurent de se réunir le lendemain, 3 décembre 1887 à Versailles, à l'effet de nommer un nouveau Président.

NOMINATION DE M. CARNOT

AUX FONCTIONS DE PRÉSIDENT DE LA RÉPUBLIQUE

EN REMPLACEMENT DE M. GRÉVY, DÉMISSIONNAIRE

(3 décembre 1887)

Par suite de la démission de M. Grévy, le Sénat et la Chambre des députés se réunirent en Assemblée nationale à Versailles, le 3 décembre 1887, pour procéder à l'élection d'un nouveau Président de la République.

Cette séance plénière fut ouverte à 2 heures 20 minutes. M. Le Royer, président du Sénat, occupe le fauteuil présidentiel ; les secrétaires prennent place au bureau.

Vu les procès-verbaux des séances du Sénat et de la Chambre des députés constatant la démission de M. Jules Grévy, des fonctions de Président de la République ;

Vu l'article 7 de la loi constitutionnelle du 25 février 1875, l'article 2 de la même loi et le paragraphe 2 de l'article 11 de la loi constitutionnelle du 16 juillet 1875,

Le président déclare que l'Assemblée nationale est constituée pour l'élection d'un président.

Il est procédé au scrutin par appel nominal. Le dépouillement du scrutin a donné les résultats suivants :

Nombre de votants	852
Bulletins blancs ou nuls	2
Suffrages exprimés	849
Majorité absolue	425

Ont obtenu :

Premier tour de scrutin.		
MM. Sadi Carnot	303	voix
Jules Ferry	212	—
Général Saussier	148	—
de Freycinet	76	—
Général Appert	72	—
Brisson	26	—
Ch. Floquet	5	—
Anatole de la Forge	2	—
Félix Pyat	2	—
Pasteur	2	—
Spuller	1	—

Deuxième tour de scrutin.		
MM. Sadi Carnot	616	voix
Général Saussier	188	—
Jules Ferry	5	—
Général Appert	5	—
Félix Pyat	1	—

En conséquence, M. Sadi Carnot, ayant obtenu la majorité des suffrages, a été proclamé Président de la République pour sept ans à compter du 3 décembre 1887.

Petit-fils du grand Carnot, ministre de la Guerre en 1789, M. Carnot (Sadi), député de la Côte-d'Or, était bien le choix le meilleur qui pût être fait pour occuper les fonctions présidentielles. Au prestige du nom, il joignait une affabilité et une courtoisie parfaites ; aussi correct dans son maintien que dans sa conduite politique ou privée, il était par excellence l'homme de la représentation nationale. Républicain sincère, estimé et aimé des députés, ses collègues, il avait acquis la sympathie générale dans les différents postes qu'il avait occupés et où il avait laissé le souvenir des rapports et des relations les meilleurs et les plus agréables.

Il y a eu **8** ministères sous la présidence de M. Carnot, du 12 décembre 1887 au 1er juillet 1893.

NOMINATION ET DÉMISSION

DU

Cabinet du 12 décembre 1887

24e MINISTÈRE DE LA IIIe RÉPUBLIQUE

1er Cabinet formé sous M. Carnot, Président.

DATE DU DÉCRET de nomination.	PRÉSIDENT DU CONSEIL des Ministres.	NOMS ET QUALITÉS des MINISTRES NOMMÉS.	MINISTÈRE auquel CHAQUE MINISTRE est affecté.	EN REMPLACEMENT de MM.	MUTATIONS SURVENUES DANS LE CABINET PENDANT SA DURÉE				ÉVÉNEMENTS se rattachant A LA CONSTITUTION du Ministère.
					DATE DU DÉCRET de nomination.	NOM ET QUALITÉ du MINISTRE NOMMÉ.	MINISTÈRE auquel LE MINISTRE est affecté.	EN REMPLACEMENT de M.	
Décret du 12 décembre 1887 signé à Paris.	M. TIRARD, Ministre des Finances.	MM. **Tirard,** Sénateur.	Finances.	**Rouvier.**		M.			
		Fallières, Député.	Garde des sceaux, Justice.	**Mazeau.**					
		Flourens, Président de section au Conseil d'État.	Affaires étrangères.	(Renommé.)					
		Sarrien, Député.	Intérieur.	**Fallières.**					
		Logerot, Général de division, commandant le 8e corps d'armée.	Guerre.	**Ferron,** Général.					
		De Mahy, Député.	Marine et Colonies.	**Barbey.**	**5 janvier 1888.**	**Krantz,** Vice-amiral.	Marine et Colonies.	**Barbey.**	
		Faye, Sénateur.	Instruction publique, Cultes et Beaux-arts.	**Spuller.**					
		Loubet, Sénateur.	Travaux publics.	**De Hérédia,**					
		Dautresme, Député.	Commerce et Industrie.	(Renommé.)					
		Viette, Député.	Agriculture.	**Barbe.**					

DÉMISSION DU CABINET DU 12 DÉCEMBRE 1887

(30 mars 1888)

Deux élections législatives avaient eu lieu le dimanche 25 mars 1888, l'une dans les Bouches-du-Rhône, l'autre dans l'Aisne. Dans le premier de ces départements, M. Félix Pyat fut élu par 40,204 voix, dans le deuxième, le général Boulanger, malgré ballottage, avait obtenu le chiffre imposant de 45,089 voix, mais il se désista au second tour de scrutin, pour poser sa canditature dans le Nord, en mettant en tête de son programme politique la revision immédiate de la Constitution. En conséquence, d'une part, un des plus ardents partisans de la Commune était nommé député et, d'un autre côté, le général Boulanger arrivait en tête de liste au premier tour de scrutin avec une très forte majorité.

Ces résultats produisirent une profonde impression dans les trois groupes républicains de la Chambre.

En outre, un arrêt de la cour d'appel de Paris, en date du 26 mars, avait acquitté tous les prévenus de l'affaire dite des décorations, y compris M. Wilson, en mettant à néant le jugement de la dixième chambre en date du 1er mars, et en les déchargeant des condamnations contre eux prononcées.

L'idée d'une interpellation résultant de la situation actuelle créée au Gouvernement par ces divers événements naquit dans l'esprit d'un certain nombre de membres de la Chambre et quelques députés radicaux exprimèrent l'intention de provoquer, avant les vacances de Pâques, un débat sur la politique générale du Cabinet; leur but en renversant le ministère présidé par M. Tirard, était surtout d'enrayer le mouvement boulangiste.

L'extrême gauche décida, par suite, de saisir la Chambre dans sa séance du 27 mars, d'un projet de revision des lois constitutionnelles et un de ses membres, M. Pichon, fut chargé de proposer à ce sujet un seul article ainsi conçu : « La Chambre décide qu'il y a lieu de reviser les lois constitutionnelles. » L'exposé rappelait que la Constitution de 1875 avait été faite par les monarchistes pour empêcher la réalisation des idées démocratiques, qu'elle donnait au Président de la République des pouvoirs qui faisaient de lui un chef d'État personnel au lieu de créer une République impersonnelle, qu'enfin elle avait constitué un Sénat dans le but d'enrayer toute réforme.

Mais ce projet avait en réalité pour but de mettre un terme au trouble politique, révélé par les élections dernières ; il fut accepté par M. Clémenceau à ce point de vue et par la gauche radicale qui s'était prononcée pour le projet de revision. Il fut donc convenu qu'une interpellation serait faite par M. Rivet, au nom de la gauche radicale et de l'extrême gauche, mais seulement après le vote du budget par la Chambre.

Dans un conseil de Cabinet, tenu le 29 mars sous la présidence de M. Tirard, le Gouvernement décida d'accepter la discussion immédiate de l'interpellation.

Mais, en même temps que le projet ci-dessus était formé, une décision rigoureusement tenue secrète était prise par le comité boulangiste, et M. Laguerre avait reçu la mission de monter à la tribune pour demander la mise en tête à l'ordre du jour du projet de loi de revision déposé en 1887 par M. Michelin.

Dans la séance de la Chambre des députés, du 30 mars 1888, le budget venait à peine d'être voté que M. Laguerre, fidèle à sa mission, vint demander, malgré l'intervention de M. Pelletan en faveur du projet élaboré par l'extrême gauche, qu'on mît à l'ordre le projet de M. Michelin, relatif aux lois constitutionnelles.

M. le président du Conseil s'opposa à la prise en considération des propositions de revision, en ces termes :

« Il serait dangereux d'ajouter un élément d'agitation de plus à ceux « qui existent déjà ; ce serait fournir un argument nouveau aux ma- « nifestations dernières.

« Si la Chambre donnait suite à cette discussion, le Gouvernement « n'en accepterait pas la responsabilité. »

La question fut nettement posée, elle fut promptement résolue.

A la majorité de 268 voix contre 237 sur 505 votants, la Chambre vota l'urgence sur la proposition de revision.

Ce vote fut le résultat d'un *touchant* accord entre les deux partis extrêmes de la Chambre. — 135 députés de la droite avaient en effet tendu la main à MM. Laguerre, Pelletan et Clémenceau pour renverser le Cabinet du 12 décembre 1887.

A la suite de ces événements, M. Tirard a remis à M. Carnot la démission collective du Cabinet à la date officielle du 30 mars 1881.

Le véritable triomphateur de cette journée fut le général Boulanger, puisque quelques heures après avoir fait connaître son programme aux électeurs du département du Nord, la Chambre, comme lui, déclarait l'urgence de la revision de la Constitution.

M. Floquet se chargea de former un nouveau Cabinet.

NOMINATION ET DÉMISSION

DU

Cabinet du 3 avril 1888

25° MINISTÈRE DE LA IIIe RÉPUBLIQUE

2e Cabinet formé sous M. Carnot, Président.

DATE DU DÉCRET de nomination.	PRÉSIDENT DU CONSEIL des Ministres.	NOMS ET QUALITÉS des MINISTRES NOMMÉS.	MINISTÈRE auquel CHAQUE MINISTRE est affecté.	EN REMPLACEMENT de MM.	MUTATIONS SURVENUES DANS LE CABINET PENDANT SA DURÉE				ÉVÉNEMENTS se rattachant A LA CONSTITUTION du Ministère
					DATE DU DÉCRET de nomination.	NOM ET QUALITÉ du MINISTRE NOMMÉ.	MINISTÈRE auquel LE MINISTRE est affecté.	EN REMPLACEMENT de M.	
Décret du 3 avril 1888 signé à Paris.	M. FLOQUET, Ministre de l'Intérieur.	MM. Floquet (Charles), Député.	Intérieur.	Sarrien,		M.			Par décret du 3 avril 1888, l'administration des Cultes a été rattachée au ministère de la Justice.
		Ferrouillat, Sénateur.	Garde des sceaux, Justice et Cultes.	Fallières.	5 février 1889.	Guyot-Dessaigne, Député.	Garde des sceaux, Justice.	Ferrouillat.	
		Goblet (René). Député.	Affaires étrangères.	Flourens.					
		Peytral, Député.	Finances.	Tirard.					
		De Freycinet, Sénateur, Membre de l'Institut.	Guerre.	Logerot, Général.					
		Krantz, Vice-amiral.	Marine et Colonies.	(Renommé.)					
		Lockroy (Édouard), Député.	Instruction publique et Beaux-Arts.	Faye.					
		Deluns-Montaud, Député.	Travaux publics.	Loubet.					
		Legrand (Pierre), Député.	Commerce et Industrie.	Dautresme.					
		Viette, Député.	Agriculture.	(Renommé.)					

DÉMISSION DU CABINET DU 3 AVRIL 1888

(14 février 1889)

La discussion de la revision des lois constitutionnelles fut de nouveau mise à l'ordre du jour de la séance du jeudi 14 février 1889.

Voici l'historique actuel de cette question qui a déjà été la cause du renversement de plusieurs Cabinets et qui sans cesse revient sur la scène sans obtenir de solution.

M. Tony-Révillon proposa, au nom de la commission parlementaire, l'adoption d'une formule de revision illimitée, ainsi conçue :

« Il y a lieu de reviser les lois constitutionnelles. »

Le texte du rapport joint à cette proposition indiquait que la commission émettait le vœu que la revision fût faite par une Assemblée constituante.

M. Floquet, président du Conseil, au nom du Gouvernement, s'opposait à toute motion de ce genre et demandait une revision pure et simple.

M. de Lanessan proposa alors un amendement dans les termes suivants : « La Chambre, considérant que la revision ne peut être faite « utilement que par une Assemblée constituante spécialement élue à « cet effet, décide, etc. »

Cet amendement parut pouvoir être mis aux voix, un précédent ayant été fourni lors de la discussion de la revision en 1884, et aux termes du règlement il devait passer avant le projet de la commission. C'est sur lui d'ailleurs que les conservateurs comptaient pour renverser le Cabinet.

Le débat semblait donc vouloir s'engager sur deux points :

1° Sur la Constituante ;

2° Sur la revision telle que la demandait le Gouvernement. — Mais une demande d'ajournement de la question à huit jours fut faite par M. de Mackau ; elle avait pour objet d'enlever à une Assemblée arrivée au terme de son mandat le soin de régler la revision des lois constitutionnelles et d'amener la dissolution qui devait être, selon l'auteur, l'acte devant précéder la revision elle-même. Cet ajournement, auquel le Gouvernement s'opposa, fut repoussé par 375 voix contre 173.

C'est alors qu'un incident imprévu vint changer la face des événements. — M. de Douvillle-Maillefeu, montant à la tribune, adressa à la Chambre une proposition tendant à l'ajournement du débat ; il soutint que la revision n'avait pas été demandée par les électeurs de la Chambre actuelle et estimait qu'il y avait lieu de les laisser se prononcer sur la question aux élections prochaines. Il demanda par suite le retrait des projets de lois jusqu'aux élections dont la période était ouverte.

Cette proposition équivalait à un ajournement indéfini et la droite ainsi que les républicains modérés s'empressèrent de s'y rallier.

M. Floquet, président du Conseil, se contenta de répondre de sa place que la Chambre ayant inscrit la revision à son ordre du jour après le scrutin d'arrondissement qui venait d'être voté, le Gouvernement devait s'en tenir à la décision de la Chambre ; il s'opposa en conséquence à tout ajournement.

La proposition faite par M. de Douville-Maillefeu fut mise aux voix et M. Méline, président de la Chambre, annonça le résultat du scrutin après pointage.

A la majorité de 307 voix contre 218, la Chambre, sans débat, accepta l'ajournement indéfini de la revision des lois constitutionnelles.

A la suite de ce vote, M. Floquet déclara qu'il croyait devoir se retirer et remit, le même jour, 14 février 1889, la démission collective du Cabinet, dont il était président, entre les mains de M. le Président de la République. — M. Tirard accepta la mission de former un nouveau ministère.

Le cabinet Floquet fut le cinquième ministère renversé par la Chambre depuis les élections générales de 1885. — Il est à remarquer que le 30 mars 1888, la Chambre décida par 268 voix contre 237 que la revision *était urgente*, et le 14 février 1889, c'est-à-dire dix mois et douze jours après, la même Chambre, changeant d'avis, reconnut par 307 voix contre 218 que la revision *pouvait être ajournée indéfiniment;* le premier vote renversa le cabinet Tirard, le deuxième fut cause de la démission du ministère Floquet.

NOMINATION ET DÉMISSION

DU

Cabinet du 22 février 1889

26e MINISTÈRE DE LA IIIe RÉPUBLIQUE

3e Cabinet formé sous M. Carnot, Président.

DATE DU DÉCRET de nomination.	PRÉSIDENT DU CONSEIL des Ministres.	NOMS ET QUALITÉS des MINISTRES NOMMÉS.	MINISTÈRE auquel CHAQUE MINISTRE est affecté.	EN REMPLACEMENT de MM.	MUTATIONS SURVENUES DANS LE CABINET PENDANT SA DURÉE — DATES DES DÉCRETS de nomination.	NOMS ET QUALITÉS des MINISTRES NOMMÉS.	MINISTÈRE auquel CHAQUE MINISTRE est affecté.	EN REMPLACEMENT de MM.	ÉVÉNEMENTS se rattachant A LA CONSTITUTION du Ministère.
Décret du 22 février 1889 signé à Paris.	M. **TIRARD**, Ministre du Commerce et de l'Industrie.	MM. **Tirard**, Sénateur.	Commerce et Industrie.	**Legrand** (Pierre).		MM.			Par décret du 14 mars 1889, l'administration des Colonies a été distraite du ministère de la Marine et rattachée au ministère du Commerce et de l'Industrie.
		Thévenet, Député.	Garde des sceaux, Justice et Cultes.	**Guyot-Dessaigne**.					
		Spuller, Député.	Affaires étrangères.	**Goblet**.					
		Constans, Député.	Intérieur.	**Floquet** (Charles).	1er mars 1890.	**Bourgeois** (Léon), Député.	Intérieur.	**Constans**.	
		Rouvier, Député.	Finances.	**Peytral**.					
		De Freycinet, Sénateur.	Guerre.	(Renommé.)					
		Jaurès, Sénateur, vice-amiral.	Marine et Colonies.	**Krantz**, Amiral.	19 mars 1889.	**Krantz**, Vice-amiral.	Marine ~~et Colonies~~.	**Jaurès**, Amiral.	
					10 novembre 1889.	**Barbey**, Sénateur.	Marine.	**Krantz**, Amiral.	
		Fallières, Député.	Instruction publique et Beaux-arts.	**Lockroy**.					
		Guyot (Yves), Député.	Travaux publics.	**Deluns-Montaud**.					
		Faye, Sénateur.	Agriculture.	**Viette**.					

DÉMISSION DU CABINET DU 22 FÉVRIER 1889

(14 mars 1890)

M. Foucher de Careil adressa au Gouvernement, dans la séance du Sénat du mardi 13 mars 1890, une question concernant l'expiration du traité de commerce avec la Turquie. Le traité primitif qui datait de 1802 avait toujours été considéré comme étant en vigueur par les deux nations intéressées, et sa clause principale, confirmée par les termes contenus dans l'article 9, reconnaissait à la France le traitement de la nation la plus favorisée. Depuis cette époque des traités additionnels avaient été, il est vrai, passés en 1838 et 1861 avec la Porte qui se trouvait en outre engagée par des capitulations antérieures, mais sans que l'existence de la clause ci-dessus indiquée ait jamais été mise en doute ni par la Turquie, ni par le sultan Saïd-Pacha lui-même.

Nous avions donc le plus grand intérêt à conserver le *statu quo*, puisque nous jouissions comme l'Allemagne, l'Angleterre et l'Égypte qui venaient de passer elles-mêmes des traités de commerce avec la Porte, du même traitement, celui de la nation la plus favorisée.

Telle était la situation, lorsque M. Foucher de Careil prenant la parole et rappelant le débat qui eut lieu à la Chambre des députés en 1889 à la suite de l'interpellation de M. Turquet sur le même sujet, demanda au ministre des Affaires étrangères si des pourparlers ou des négociations avaient été engagés avec la Porte concernant le traité de 1861 dont l'expiration arrivait le 13 mars 1890, c'est-à-dire le jour même où avait lieu cette séance du Sénat. Il s'inquiéta près de lui de savoir s'il y avait une convention provisoire, si le traité de 1802 était remis en vigueur, si la France n'était pas spécialement liée vis-à-vis la Turquie? Quel était enfin notre régime politique à cet égard?

M. Spuller répondit que, si le traité de 1861 n'avait pas été renouvelé avant son expiration, c'est que le Gouvernement en avait été empêché par le vote que le Parlement avait émis au sujet du traité franco-grec, et qu'il avait voulu éviter que la France fût mise auprès de la Turquie dans la même situation qu'en face la Grèce, en ajoutant toutefois que l'avenir était assuré. Le Gouvernement, en effet, en présence des nouveaux traités signés entre la Turquie et différentes nations et malgré le désir de la Porte de s'affranchir des anciennes capitulations favorables à la France, avait eu recours à un *modus vivendi* qui liait la Porte non seulement en vertu des traités antérieurs, mais encore des capitulations dont il s'agit; en agissant ainsi, affirma le ministre des Affaires étrangères, on a défendu la politique séculaire qui a fait le prestige et la force du pays.

Mais ces explications ne parurent pas satisfaire la Chambre haute, et M. Lacombe demanda que la question fût changée en interpellation. La discussion immédiate réclamée par le président du Conseil fut votée.

M. Griffe montant alors à la tribune proposa un ordre du jour « invitant le Gouvernement à appliquer aux marchandises importées « de la Turquie en France les droits du tarif général des douanes, « sauf à lui ouvrir des négociations en vue d'arriver à un *modus* « *vivendi* ».

C'est en ce moment que l'interpellation se transforme : au fond du débat il existait en réalité un autre point dissimulé par M. Griffe, c'était la question de l'introduction en France des raisins secs venant de la Turquie.

La viticulture réclamait une protection contre la fabrication des vins artificiels, et la *Loi Griffe* rencontrait de grandes difficultés d'application. Or, le Gouvernement se préoccupait d'en assurer le fonctionnement en limitant la production du vin de raisins secs au vin fabriqué avec ce produit seul sans addition d'aucune autre substance. Mais il n'y avait pas là matière à abandonner notre situation dans le Levant, situation jadis privilégiée, actuellement réduite à la simple égalité de traitement des autres nations les plus favorisées et qu'il importait de conserver.

M. Tirard, président du Conseil, s'appuyant sur les considérations développées ci-dessus, répondit à M. Griffe dans le même sens que M. Spuller, ministre des Affaires étrangères, concernant l'exécution des traités de 1802, 1838 et 1861.

M. Lacombe, soutenant son interpellation, critiqua vivement l'interprétation du Gouvernement au sujet du traité de 1802 qui ne règle en rien, selon ce député, nos rapports douaniers avec la Turquie.

M. Trarieux, qui était d'un avis contraire à celui exprimé par M. Lacombe, proposa l'ordre du jour pur et simple accepté par le président du Conseil. Cet ordre était ainsi conçu :

« Le Sénat invite le Gouvernement à négocier avec la Turquie un « *modus vivendi* destiné à prendre fin avec les traités de commerce « actuellement en vigueur. »

Cet ordre du jour fut repoussé par 129 voix contre 117 sur 246 votants, la majorité absolue étant de 124.

A la suite de ce vote le Cabinet décida à l'unanimité qu'il se retirait, et M. Tirard se rendit aussitôt près de M. le Président de la République afin de lui remettre la démission collective du Cabinet, qui porte la date officielle du 14 mars 1890.

M. de Freycinet accepta immédiatement l'offre qui lui fut faite par M. Carnot de former un nouveau ministère qui fut constitué à la date du 17 du même mois.

NOMINATION ET DÉMISSION

DU

Cabinet du 17 mars 1890

27ᵉ MINISTÈRE DE LA IIIᵉ RÉPUBLIQUE

4ᵉ Cabinet formé sous M. Carnot, Président.

DATE DU DÉCRET de nomination.	PRÉSIDENT DU CONSEIL des Ministres.	NOMS ET QUALITÉS des MINISTRES NOMMÉS	MINISTÈRE auquel CHAQUE MINISTRE est affecté.	EN REMPLACEMENT de MM.	ÉVÉNEMENTS se rattachant A LA CONSTITUTION du Ministère.
Décret du 17 mars 1890 signé à Paris.	M. **DE FREYCINET** Ministre de la Guerre.	MM. **De Freycinet,** Sénateur. Membre de l'Académie française.	Guerre.	(Renommé.)	
		Fallières, Député.	Garde des sceaux, Justice et Cultes.	**Thévenet.**	
		Ribot, Député.	Affaires étrangères.	**Spuller.**	
		Constans, Sénateur.	Intérieur.	**Bourgeois** (Léon).	
		Rouvier, Député.	Finances.	(Renommé.)	
		Barbey, Sénateur.	Marine.	(Renommé.)	
		Bourgeois (Léon), Député.	Instruction publique et Beaux-arts.	**Fallières.**	
		Guyot (Yves), Député.	Travaux publics.	(Renommé.)	
		Develle, Député.	Agriculture.	**Faye.**	
		Roche (Jules), Député.	Commerce, Industrie et Colonies.	**Tirard.**	

DÉMISSION DU CABINET DU 17 MARS 1890

(19 février 1892)

La rentrée des deux Chambres s'était effectuée le mardi 16 février 1892 dans un calme absolu ; rien ne paraissait devoir venir troubler la quiétude générale et l'ordre du jour fixé avant les vacances du 1er janvier.

La motion de M. Hubbard sur la déclaration d'urgence du projet concernant les associations devait être portée à la tribune le jeudi suivant.

Le Gouvernement avait déjà déclaré à ce sujet qu'il ne réclamait ni ne repoussait l'urgence et qu'il laissait à la Chambre toute sa liberté d'action; il ajouta toutefois qu'il ne voulait en aucune façon considérer le projet comme le prélude de la séparation des Églises et de l'État.

Le débat ne paraissait pas primitivement devoir prendre une grande extension; mais, au cours de la discussion, des incidents de séances survinrent et déterminèrent, ainsi qu'on le verra plus loin, la chute du ministère du 17 mars 1890, présidé par M. de Freycinet.

La séance commença par une grêle d'interpellations; ce fut d'abord celle de M. Laguerre sur les faits qui s'étaient passés à la maison correctionnelle de Fouilleuse, puis celle de M. Le Hérissé sur l'incident Constans-Laur... Tout en un mot annonçait l'orage dans l'enceinte parlementaire, lorsque M. Hubbard, sous la forme d'une simple motion, proposa l'urgence en faveur du projet de loi sur les associations présenté par les ministres de l'Intérieur et de la Justice, avec l'intention de s'acheminer vers la grave question de la séparation des Églises et de l'État que voulait éviter le Gouvernement.

Après M. Hubbard, M. Paul de Cassagnac prit la parole pour déclarer que le projet de loi dont il était question était « le plus odieux, « le plus cynique qui ait pu être rêvé par une politique de sectaires et « de haine religieuse ». Il le qualifia même « d'hypocrite et de mensonger », en ajoutant que le Gouvernement n'avait d'autre but que de donner une apparence de satisfaction aux radicaux. (Voir l'*Officiel.*)

M. de Freycinet, président du Conseil, en réponse à ces attaques s'exprima en ces termes avec la plus grande courtoisie.

« L'honorable M. de Cassagnac m'a paru préoccupé d'une part, « de semer la défiance entre la majorité et le Gouvernement et d'autre « part d'augmenter le désaccord entre la République et le clergé ...

. . . .

« Il ne s'est pas fait faute de nous prêter le désir que le projet sur les « associations ne soit pas discuté ; je lui réponds que cette supposition « n'est pas exacte. Ce projet a été élaboré depuis l'année dernière et « soumis au Conseil des ministres qui l'a approuvé. Il n'a pas été « établi avec l'idée, comme parait le croire M. de Cassagnac, d'en « faire un instrument de persécution contre l'Église, mais uniquement « pour régler le régime des associations de toute nature ». . . . .

. . . .

Après avoir traité avec éloquence la question des relations entre la République et le Saint-Siège, entre le clergé et l'État, et avoir fait l'éloge du Pape, M. de Freycinet termina ainsi son discours :

« Si en votant la demande d'urgence, vous entendez qu'elle soit la « préface obligée de la séparation des Églises et de l'État, nous ne « pouvons nous y associer ; si, au contraire, ce n'est à vos yeux qu'une « méthode de travail devant amener plus promptement une solution, « nous ne pouvons ne pas l'accepter. . . . .

« Nous tenons à dégager la signification de ce vote . . . S'il devait « en résulter une modification à nos déclarations précédentes, nous « ne nous croyons pas, je le déclare, investis du mandat d'opérer et de « préparer la séparation dont il s'agit... S'il y a dans la Chambre une « majorité pour amener cette grande et redoutable mesure, que cette « majorité s'affirme et nous laisserons à d'autres le soin de réaliser « ses vues. »

Après différents discours de MM. Bigot, Després et Pichon, M. de Mun, député catholique du Morbihan, ramena la discussion au point de départ et pria M. le président du Conseil, malgré la netteté de ses déclarations, d'exposer de nouveau son orientation politique et de débarrasser la question de toute équivoque. M. Brisson, au nom des radicaux, crut aussi devoir demander plus de clarté dans la déclaration gouvernementale ; enfin M. Clémenceau, après une vive attaque contre l'Église catholique dont il reconnaît la puissance, mais avec laquelle il ne veut avoir aucun rapport, intervint et posa au président du Conseil la question suivante :

« Je vous demande si vous êtes oui ou non pour l'urgence... Si oui, « moi qui suis partisan de la séparation de l'Église et de l'État, je « vous dis : Merci... Si non, ce n'est plus mon affaire, il appartient « à la droite de s'expliquer avec vous. »

M. de Freycinet, sans perdre patience, déclara qu'il ne discutera que sur une formule précise en présence d'une véritable interpellation et demanda un ordre du jour indiquant la pensée que la Chambre veut faire prévaloir.

Deux ordres du jour furent alors proposés, l'un par MM. Pichon et Jullien ainsi conçu :

« La Chambre convaincue de la nécessité de poursuivre la lutte du « pouvoir civil contre le parti clérical prononce l'urgence sur le projet « de loi du Gouvernement relatif aux associations. »

Le deuxième signé de MM. Trouillot, Lasserre et Porquery de Boisserin fut rédigé en ces termes :

« La Chambre, décidée à poursuivre sa politique républicaine et à « défendre énergiquement les droits de l'État, vote l'urgence du pro- « jet de loi sur les associations. »

Le Gouvernement accepta ce second ordre.

La priorité ayant été refusée par 284 voix contre 206 à l'ordre du jour Pichon, l'ordre du jour Trouillot fut mis aux voix, et fut repoussé par 282 voix contre 210.

A la suite de ce vote, dont la majorité fut composée de la droite, des radicaux, des socialistes et des boulangistes, les ministres se retirèrent dans leur bureau au Palais-Bourbon où ils décidèrent de donner leur démission.

Ils se rendirent de là à l'Élysée où le Président de la République donnait le même jour un grand dîner aux membres du Gouvernement et aux bureaux des deux Chambres.

En raison de cette réunion, M. de Freycinet, président du Conseil, ne remit la démission collective du Cabinet que le lendemain 19 février 1892.

M. Loubet, sénateur de la Drôme, accepta la mission de former un nouveau Cabinet.

NOMINATION ET DÉMISSION

DU

Cabinet du 27 février 1892

28e MINISTÈRE DE LA IIIe RÉPUBLIQUE

5e Cabinet formé sous M. Carnot, Président.

DATE DU DÉCRET de nomination.	PRÉSIDENT DU CONSEIL des Ministres.	NOMS ET QUALITÉS des MINISTRES NOMMÉS.	MINISTÈRE auquel CHAQUE MINISTRE est affecté.	EN REMPLACEMENT de MM.	MUTATIONS SURVENUES DANS LE CABINET PENDANT SA DURÉE: DATE DU DÉCRET de nomination.	NOM ET QUALITÉ du MINISTRE NOMMÉ.	MINISTÈRE auquel LE MINISTRE est affecté.	EN REMPLACEMENT de M.	ÉVÉNEMENTS se rattachant A LA CONSTITUTION du Ministère.
Décret du 27 février 1892 signé à Paris.	M. **LOUBET**, Ministre de l'Intérieur.	MM. **Loubet**, Sénateur.	Intérieur.	**Constans.**		M.			Par décret du 8 mars 1892, l'administration des Colonies est détachée du ministère du Commerce et de l'Industrie et rattachée au ministère de la Marine.
		De Freycinet, Sénateur.	Guerre.	(Renommé.)					
		Ribot, Député.	Affaires étrangères.	(Renommé.)					
		Rouvier, Député.	Finances.	(Renommé.)					
		Bourgeois (Léon), Député.	Instruction publique et Beaux-Arts.	(Renommé.)					
		Ricard (Louis), Député.	Garde des sceaux, Justice et Cultes.	**Fallières.**					
		Cavaignac (Godefroy), Député.	Marine.	**Barbey.**	12 juillet 1892.	**Burdeau**, Député.	Marine et Colonies.	**Cavaignac** (Godefroy).	
		Develle, Député.	Agriculture.	(Renommé.)					
		Roche (Jules), Député.	Commerce, Industrie et Colonies.	(Renommé.)					
		Viette, Député.	Travaux publics.	**Guyot** (Yves).					

DÉMISSION DU CABINET DU 27 FÉVRIER 1892

(28 novembre 1892)

Conformément à l'article 2 de la loi constitutionnelle du 16 juillet 1875 et en vertu du décret du 3 octobre 1892, le Sénat et la Chambre des députés s'étaient réunis en session extraordinaire le 18 octobre 1892.

Bien que la grève de Carmaux ait jeté quelque inquiétude pendant les vacances parlementaires, l'attitude prise, dès la rentrée des Chambres, par M. Loubet, ministre de l'Intérieur, président du Conseil, choisi d'ailleurs comme arbitre entre la Compagnie minière et les grévistes, paraissait devoir être de bon augure pour l'existence du Cabinet, lorsque survint l'explosion du commissariat de la rue des Bons-Enfants, dans laquelle six agents de police furent tués par un engin explosif destiné à faire sauter la maison portant le n° 11 de l'avenue de l'Opéra, où se tenaient les séances des administrateurs de la Compagnie de Carmaux. — A la suite de ce terrible accident, M. Loubet proposa un projet portant modification de la loi sur la presse dont la discussion des articles fut votée le 18 novembre par 326 voix contre 209 sur 535 votants.

Mais bien que le Cabinet ait pu par ce vote espérer se consolider davantage, il avait encore à traverser quelques épreuves, au nombre desquelles se trouvait l'affaire dite du Panama qui devait occasionner sa chute.

Dans la séance du 19 novembre 1892, l'ordre du jour appelait en effet la discussion des interpellations :

1° De M. Argeliès, député de Seine-et-Oise, sur le Panama.

2° De M. Delahaye, député d'Indre-et-Loire, sur les lenteurs de la justice à faire la lumière sur l'entreprise de cette Compagnie.

3° De M. Gauthier (de Clagny), député de Seine-et-Oise, sur les mesures relatives suite aux pétitions des porteurs de titres.

M. Argeliès qui obtint le premier la parole demanda le renvoi de la discussion de son interpellation au lundi 21 novembre, et M. Delahaye appuya cette motion en sollicitant cet ordre du jour.

A cette séance du 21 novembre, la discussion sur l'affaire du Panama fut donc attaquée; elle donna lieu à de violents discours à la suite desquels la Chambre vota par 310 voix contre 218 qu'une commission d'enquête composée de 33 membres et nommée par scrutin de liste en séance publique, serait chargée de faire la lumière sur les allégations portées à la tribune à l'occasion des affaires du canal interocéanique. — M. Henri Brisson, député de Paris, fut nommé président de cette commission dont plusieurs membres donnèrent successivement leur démission, ce qui nécessita de nouveaux votes périodiques de nomination jusqu'au 28 novembre. — Or, à cette dernière date, la Chambre venait de choisir trois nouveaux membres, lorsque M. le marquis de La Ferronays, député de la Loire-Inférieure, obtint la parole sur sa demande.

Après avoir déclaré qu'il ne voulait en rien apporter aux débats de la Chambre un élément nouveau d'agitation, M. de La Ferronays ajouta qu'il n'était monté à la tribune que pour poser une question à M. le Garde des sceaux.

« Nous sommes tous, dit-il, les dépositaires de la dignité du pays, « nos électeurs nous ont confié une partie de son honneur, nous devons « le leur rendre intact. La France veut, et nous voulons avec elle, une « lumière complète, éclatante, quelles que doivent en être les consé- « quences, sur les désordres auxquels a donné lieu l'affaire du « Panama.

« Je viens ici demander à M. le ministre de la Justice de faire cette « lumière sur un détail important et dont l'opinion publique s'occupe « passionnément... Le samedi 19 novembre, il fut, dit-on, décidé de « comprendre dans les poursuites exercées à l'occasion des détourne- « ments du Panama M. le baron Jacques de Reinach et on assure « qu'un mandat fut signé le soir même.

« Or, le lendemain dimanche, le baron de Reinach fut trouvé mort « dans son lit; les bruits les plus contradictoires circulèrent sur les « causes de ce décès; aucune des mesures qui sont habituellement « prises en pareille circonstance ne fut requise. Je demande à M. le « Garde des sceaux si, dès qu'un soupçon plane sur les causes de la « mort, la justice n'a pas le devoir impérieux de rechercher immédiate-

« ment la vérité. Dans le cas présent aucune mesure n'a été prise.
« L'opinion publique très surexcitée s'émut et de nouveaux bruits
« plus étranges que les précédents circulèrent. On a prétendu que
« l'inhumation était fictive et que si l'on procédait à une ouverture du
« cercueil, on y trouverait tout autre chose que le corps du baron de
« Reinach. Il suffit qu'on ait dit une fois que ce dernier n'était pas
« mort, que l'enterrement était fictif et que ces faits se soient produits
« sinon avec la complicité, tout au moins avec la connaissance du
« Gouvernement, pour que l'on soit en droit non seulement de
« demander à M. le Garde des sceaux des explications complètes et
« catégoriques, mais encore d'avoir la preuve matérielle du contraire.
« ... C'est donc une ordonnance de procéder à l'exhumation et à
« l'autopsie du cadavre que réclame le pays. Je demande, par suite,
« à M. le ministre de la Justice s'il a l'intention de lui donner satis-
« faction ».

A cette question, M. Ricard proteste en disant qu'il est profondément attristé d'être obligé de répondre aux allégations présentées par M. de La Ferronays; il se plaint qu'on ait apporté à la tribune la pensée d'un simulacre de mise en bière et d'une comédie jouée avec la complicité des autorités en une pareille circonstance. Il affirme en outre que toutes les formalités exigées ont été remplies, qu'un procès-verbal a été dressé par le commissaire de police et que l'on a sollicité l'autorisation nécessaire pour le transport du corps de Paris dans un autre département. — Quant à l'autopsie, M. le ministre de la Justice déclare que M. Poirier, médecin de l'état civil du huitième arrondissement, a été chargé d'examiner le cadavre avec la plus grande attention et lit le rapport établi par ce docteur à la date du 20 novembre et concluant à une mort déterminée par congestion cérébrale.

Après quelques observations faites au point de vue scientifique par MM. Paulin Méry et Paul Bourgeois, M. Ricard prétend qu'il n'est pas possible de douter de la valeur de ce procès-verbal et refuse enfin de faire ouvrir une information. Il ajoute d'autre part que les scellés ne pouvaient être mis, puisque le baron de Reinach était mort le jour où il allait recevoir une citation.

Après un discours de M. Brisson dans lequel le président de la commission d'enquête réclama au nom de cette dernière que la lumière fût faite sur les faits relatifs à la mort de M. Reinach, M. Millevoye (Lucien), député de la Somme, demanda à transformer la question en interpellation et proposa un ordre du jour ainsi conçu :

« La Chambre regrettant que M. le Garde des sceaux n'ait pas

« pris, à la suite de la mort de M. de Reinach, les mesures que compor-
« tait la situation, passe à l'ordre du jour. »

M. Brisson demanda alors de substituer à cet ordre du jour le suivant :

« La Chambre s'associant au désir exprimé par la commission
« d'enquête, etc. »

M. Loubet, président du Conseil, après avoir fait connaitre à la tribune qu'il ne lui était pas possible de gouverner dans de telles conditions, déclara que le Gouvernement repoussait l'ordre du jour présenté à la Chambre par M. Brisson.

Après deux discours, l'un de M. Leygues, député du Lot-et-Garonne, et de M. Maujan, député de la Seine, ce dernier proposa d'accord avec le président de la commission d'enquête, la transaction suivante :

« La Chambre, confiante dans le Gouvernement et s'associant aux
« désirs exprimés par la commission d'enquête pour faire la lumière
« sur les affaires du Panama, etc. »

M. Leygues, de son côté, demanda l'ordre du jour pur et simple accepté par le Gouvernement.

Le président de la Chambre mit aux voix ce dernier ordre..... Le résultat du scrutin fut annoncé comme suit :

Nombre de votants	523
Majorité absolue	262
Pour l'adoption	219
Contre l'adoption	304

A la suite de ce vote repoussant à une majorité de 85 voix l'ordre du jour pur et simple accepté par le président du Conseil, les ministres donnèrent leur démission entre les mains du Président de la République à la date officielle du 28 novembre 1892.

Le ministère présidé par M. Loubet fut le troisième de la législature ; il a vécu 9 mois et un jour... Depuis longtemps déjà il était menacé et sa fin était regardée comme prochaine, on sentait qu'il était arrivé à la fin de sa carrière et qu'il succomberait devant le premier incident... On ne saurait perdre de vue, en effet, que les élections générales législatives doivent avoir lieu en 1893, et que le Cabinet déchu à la date du 28 novembre 1892 n'avait pas un programme politique et économique suffisamment précis pour se préparer à cette grande lutte électorale.

Le vote qui a renversé le ministère Loubet était composé des éléments suivants :

D'un côté : 121 députés républicains, 172 députés adversaires de la République, 11 députés sans nuance bien marquée, qui ont voté contre; et d'un autre côté : 193 députés républicains et 26 députés pris dans les autres groupes, qui ont voté pour.

Le nouveau Cabinet sera par suite dans la nécessité de réaliser la concentration républicaine afin de pouvoir gouverner. M. Brisson chargé de le constituer se retira en présence des difficultés qu'il rencontra dans cette tâche et M. Casimir-Perier, député de l'Aube, président de la commission du budget, pressenti par M. le Président Carnot dut lui-même y renoncer; enfin M. Ribot parvint à former le ministère avec la plus grande partie des éléments de l'ancien à la date du 6 décembre 1892.

NOMINATION ET DÉMISSION

DU

Cabinet du 6 décembre 1892

29° MINISTÈRE DE LA III° RÉPUBLIQUE

6° Cabinet formé sous M. Carnot, Président.

DATE DU DÉCRET de nomination.	PRÉSIDENT DU CONSEIL des Ministres.	NOMS ET QUALITÉS des MINISTRES NOMMÉS.	MINISTÈRE auquel CHAQUE MINISTRE est affecté.	EN REMPLACEMENT de MM.	MUTATIONS SURVENUES DANS LE CABINET PENDANT SA DURÉE				ÉVÉNEMENTS se rattachant A LA CONSTITUTION du Ministère
					DATE DU DÉCRET de nomination.	NOM ET QUALITÉ du MINISTRE NOMMÉ.	MINISTÈRE auquel LE MINISTRE est affecté.	EN REMPLACEMENT de M.	
Décret du 6 décembre 1892 signé à Paris.	M. **RIBOT**, Ministre des Affaires étrangères.	MM. **Ribot**, Député.	Affaires étrangères.	(Renommé.)		M.			Par décret du 6 décembre 1892, l'administration des Cultes est détachée du ministère de la Justice et rattachée au ministère de l'Instruction publique et des Beaux-Arts.
		Bourgeois (Léon), Député.	Garde des sceaux, Justice.	**Ricard** (Louis).					
		Loubet (Emile), Sénateur.	Intérieur.	(Renommé.)					
		Rouvier, Député.	Finances.	(Renommé.)	13 décembre 1892.	**Tirard**, Sénateur.	Finances.	**Rouvier.**	
		De Freycinet, Sénateur.	Guerre.	(Renommé.)					
		Burdeau, Député.	Marine et Colonies.	(Renommé.)					
		Dupuy (Charles), Député.	Instruction publique Beaux-Arts et Cultes.	**Bourgeois** (Léon).					
		Viette, Député.	Travaux publics.	(Renommé.)					
		Siegfried (Jules), Député.	Commerce et Industrie.	**Roche** (Jules).					
		Develle, Député.	Agriculture.	(Renommé.)					

DÉMISSION DU CABINET DU 6 DÉCEMBRE 1892

(10 janvier 1893)

L'ouverture de la session ordinaire de la Chambre des députés élue le 5 octobre 1889 (5me législature) devait avoir lieu le 10 janvier 1893.

Le Cabinet du 6 décembre 1892, présidé par M. Ribot, ministre des Affaires étrangères, s'était de lui-même ébranlé pendant les vacances parlementaires du 1er janvier 1893. Trois ministres, MM. Loubet, de Freycinet et Burdeau, malgré les services qu'ils avaient rendus au pays, avaient été l'objet de plusieurs attaques de la part de la presse.

Le premier, dont la santé laissait à cette époque beaucoup à désirer, avait, il est vrai, pris à Montélimar la défense de son ancien collègue M. Rouvier qui s'était retiré du Cabinet à la suite des affaires du Panama.

Le second, interpellé à la Chambre à propos de la nomination de M. Cornélius Herz au grade de grand officier de la Légion d'honneur, fut critiqué par les journaux au sujet de diverses affaires ressortissant du ministère de la Guerre. Il paraissait d'ailleurs utile, dans l'intérêt supérieur de la défense nationale, de soustraire l'armée aux contre-coups des polémiques actuelles, et de choisir en dehors du Parlement un général pour le portefeuille de la Guerre.

Enfin certaines feuilles avaient récemment reproduit, avec plus d'obstination que de bienveillance, divers articles concernant la Compagnie de Panama, écrits par le troisième, en 1888, c'est-à-dire au début de l'entreprise même, et à une époque où, aux yeux de la plupart, elle paraissait malheureusement devoir réussir.

Il fut reconnu d'un autre côté dans la séance de Cabinet tenue sous la présidence de M. Carnot le 10 janvier au matin, qu'en présence de la gravité de la situation à l'intérieur, il était indispensable que la présidence du Conseil fût attribuée au ministre de l'Intérieur, et que le seul moyen d'arriver à ce résultat était de donner une démission collective et de reconstituer un nouveau ministère avec des éléments pris dans le Cabinet existant.

Cette résolution une fois prise, M. Loubet déclara que, pour des motifs personnels et notamment en raison de son état de santé, il ne désirait pas faire partie de la nouvelle combinaison... M. de Freycinet, en présence de la campagne dirigée contre lui, formula également l'intention de se retirer de la scène politique; et M Burdeau, malgré le désir de M. Ribot de le conserver à la Marine, exprima nettement la résolution qu'il avait prise de ne pas figurer dans la formation du nouveau Cabinet.

A la suite de cet échange de vues, les ministres remirent leur démission séance tenante et en bloc à M. Carnot, afin de rendre possible la formation d'un ministère qui, en raison de sa composition et de son programme, pût faire face aux nécessités spéciales de la situation. M. Ribot accepta de faire aboutir une nouvelle combinaison dans laquelle il se réservait le portefeuille de l'Intérieur et la présidence du Conseil.

Ce fut un coup de théâtre à la Chambre, lorsqu'on apprit la démission du Cabinet. — C'était en effet la deuxième fois depuis la fondation de la IIIe République qu'un ministère se retirait de lui-même sans avoir été atteint par un vote du Parlement. La formation du nouveau Cabinet porte la date officielle du 11 janvier 1893 pour tous les départements autres que celui de la Marine, dont le titulaire fut nommé par décret du 12 du même mois.

FORMATION ET DÉMISSION

DU

Cabinet du 11 janvier 1893

30° MINISTÈRE DE LA IIIe RÉPUBLIQUE

7e Cabinet formé sous M. Carnot, Président.

DATES DES DÉCRETS de nomination.	PRÉSIDENT DU CONSEIL des Ministres	NOMS ET QUALITÉS des MINISTRES NOMMÉS.	MINISTÈRE auquel CHAQUE MINISTRE est affecté.	EN REMPLACEMENT de MM.	MUTATIONS SURVENUES DANS LE CABINET PENDANT SA DURÉE : DATE DU DÉCRET de nomination.	NOM ET QUALITÉ du MINISTRE NOMMÉ.	MINISTÈRE auquel LE MINISTRE est affecté.	EN REMPLACEMENT de M.	ÉVÉNEMENTS se rattachant A LA CONSTITUTION du Ministère.
	M.	MM.				M.			
Décret du 11 janvier 1893 signé à Paris.	RIBOT, Ministre de l'Intérieur.	**Ribot**, Député.	Intérieur.	**Loubet.**					Par décret du 11 janvier 1893, l'administration des Colonies est détachée du département de la Marine et rattaché à celui du Commerce et de l'Industrie.
		Bourgeois (Léon), Député.	Garde des sceaux, Justice.	(Renommé.)	15 mars 1893.	**Bourgeois** (Léon), Député, démissionnaire.	Garde des sceaux, Justice.	(Renommé.)	
		Develle (Jules), Député.	Affaires étrangères.	**Ribot.**					
		Tirard, Sénateur.	Finances.	(Renommé.)					
		Loizillon, Général.	Guerre.	**De Freycinet.**					
		Dupuy (Charles), Député.	Instruction publique, Beaux-arts et Cultes.	(Renommé.)					
		Viette, Député.	Travaux publics.	(Renommé.)					
		Siegfried, Député.	Commerce, Industrie et Colonies.	(Renommé.)					
		Viger, Député.	Agriculture.	**Develle.**					
Décret du 12 janvier 1893.	»	**Rieunier**, Vice-amiral.	Marine.	**Burdeau.**					

DÉMISSION DU CABINET DU 11 JANVIER 1893

(30 mars 1893)

Le Sénat, dans la discussion du budget de 1893 voté par la Chambre des députés, y apporta à la séance du 28 mars 1893 les modifications suivantes :

1° La disjonction de la réforme des boissons et de l'impôt sur les opérations de Bourse, votée à la presque unanimité ;

2° La suppression de la taxe par spécialité, concernant la patente des grands magasins ;

3° La réduction à 5 francs de la taxe de 10 francs votée par la Chambre, sur les vélocipèdes ;

4° Enfin, la suppression des impôts sur les pianos et les livrées.

De là éclata entre les deux Chambres un conflit qui devait être funeste au Cabinet du 11 janvier 1893, présidé par M. Ribot, ministre de l'Intérieur.

La commission du budget décida, le 28 mars 1893, qu'elle demanderait à la Chambre de voter le budget en bloc, tel qu'il avait été envoyé au Sénat.

Ce fut à la suite de cette proposition émise par M. Lockroy, que ce dernier fut nommé rapporteur général en remplacement de M. Poincaré. Le nouveau rapporteur général, qui était hostile à tout accommodement, lut à la Chambre, dans la séance du 30 mars 1893, le rapport concernant les résolutions prises par la commission du budget. — Ce fut le commencement de la bataille parlementaire. — M. Tirard, ministre de Finances, déclara qu'il se refusait à croire que le Sénat ait voté systématiquement contre les réforme introduites dans le budget par la Chambre, qu'il étudierait la réforme des boissons, que la Chambre haute ne contestait pas le principe de l'impôt sur les opérations de Bourse, et qu'enfin, s'il y avait divergence, c'était seulement sur le mode d'application.— Le ministre des Finances proposa par suite, à la Chambre, comme transaction, d'accepter la disjonction des boissons, de ne pas insister sur la taxe des spécialités, et de voter à nouveau les opérations de Bourse. — Mais ces propositions ne séduisirent pas la Chambre. Elle rétablit au budget des dépenses les crédits qu'elle avait précédemment votés, supprimant sans discussion les modifications que le Sénat y avait apportées, et sur le budget des recettes la taxe par spécialité sur la patente des grands magasins, ainsi que le droit de 10 francs sur les vélocipèdes qui avaient été la première supprimée et le second réduit à 5 francs par la Chambre haute.

M. Tirard rappela alors qu'en ce qui concerne la disjonction de la réforme de l'impôt des boissons, le Gouvernement n'avait aucun espoir de faire revenir le Sénat sur sa décision; or, maintenir cette réforme, c'était s'acculer de nouveau à des douzièmes provisoires.— M. Salis, de son côté, affirma le droit de la Chambre d'indiquer au Gouvernement et au Sénat sa volonté de faire des réformes et de les appliquer. — M. Yves Guyot, au contraire, défendit le système de la disjonction, et M. Jamais soutint avec énergie la proposition de M. Salis.

Enfin, M. le président du Conseil signalant l'importance du vote que la Chambre allait prendre, lui fit remarquer que trois douzièmes avaient déjà été votés, que jamais cette mesure n'avait été dépassée et que si on ne faisait pas le nécessaire pour amener un accord et voter le budget de 1893, on mettait en péril celui de 1894. — Il affirma en outre, qu'aucune atteinte n'était portée aux prérogatives de la Chambre et qu'il ne s'agissait pas pour elle d'abdiquer ses droits devant les prétentions du Sénat, mais de hâter le vote du budget de 1893; il demanda ensuite au nom du Gouvernement la disjonction votée par le Sénat et engagea la Chambre à peser les conséquences de son vote.

Bien que la question de confiance ne fût pas posée, on sentait d'ores et déjà que l'existence du Cabinet était en jeu.

La disjonction fut repoussée par 247 voix contre 242.

Cet échec nécessita la retraite du Cabinet et M. le président du Conseil après avoir demandé à la Chambre, puis au Sénat, de voter le douzième afférent au mois d'avril, se rendit à l'Élysée où il remit la démission collective du Cabinet entre les mains de M. le Président de la République qui l'accepta à la date officielle du 30 mars 1893. — Sur la demande de M. Carnot, les ministres démissionnaires demeurèrent, selon la coutume et les précédents, chargés de l'expédition des affaires jusqu'à la nomination de leurs successeurs.

M. Méline fut chargé de composer un nouveau Cabinet sans pouvoir y réussir et M. Charles Dupuy le constitua le 4 avril 1893 en prenant avec la présidence du Conseil le portefeuille de l'Intérieur.

FORMATION

DU

Cabinet du 4 avril 1893

ACTUELLEMENT EN FONCTIONS

(1er juillet 1893)

31° MINISTÈRE DE LA III° RÉPUBLIQUE

8° Cabinet formé sous M. Carnot, Président.

DATE DU DÉCRET de nomination.	PRÉSIDENT DU CONSEIL des Ministres.	NOMS ET QUALITÉS des MINISTRES NOMMÉS.	MINISTÈRE auquel CHAQUE MINISTRE est affecté.	EN REMPLACEMENT de MM.	MUTATIONS SURVENUES DANS LE CABINET PENDANT SA DURÉE				ÉVÈNEMENTS se rattachant A LA CONSTITUTION du Ministère.
					DATE DE DÉCRET de nomination.	NOMS ET QUALITÉ du MINISTRE NOMMÉ.	MINISTÈRE auquel CHAQUE MINISTRE est affecté.	EN REMPLACEMENT de MM.	
Décret du 4 avril 1893 signé Paris.	M. DUPUY (Charles), Ministre de l'Intérieur.	MM. Dupuy (Charles), Député.	Intérieur.	Ribot.					La proposition de M. J. Reinach relative à la création d'un ministère des Colonies fut ajournée dans la séance de la Chambre des députés du 10 mai 1893, ainsi d'ailleurs que la discussion de la loi relative à l'armée coloniale dans la séance du 13 du même mois. Le 15 mai 1893, la proposition de M. J. Reinach fut de nouveau discutée. L'ordre du jour pur et simple proposé par M. de Mahy fut repoussé ainsi que la proposition de M. Le Myre de Vilers tendant à la création du ministère dont il s'agit. Restait le texte de la commission ainsi conçu : « 1° A l'avenir, aucun « ministère ne pourra « être créé ou supprimé « que par une loi. « 2° Il est créé un mi- « nistère des Colonies. » Le 1er paragraphe fut voté, le 2e rejeté. Un acte additionnel relatif au rattachement des Colonies au ministère de la Marine fut également repoussé. En conséquence, le ministère des Colonies ne sera pas créé, quant à présent, et l'administration des Colonies continuera à faire partie du ministère du Commerce.
		Guérin, Sénateur.	Garde des sceaux, Justice.	Bourgeois.					
		Develle, Député.	Affaires étrangères.	(Renommé.)					
		Peytral, Député.	Finances.	Tirard.					
		Loizillon, Général.	Guerre.	(Renommé.)					
		Rieunier, Vice-amiral.	Marine.	(Renommé.)					
		Poincaré, Député.	Instruction publique Beaux-arts et Cultes.	Dupuy (Charles).					
		Viette, Député.	Travaux publics.	(Renommé.)					
		Terrier, Député.	Commerce, Industrie et Colonies.	Siegfried.					
		Viger, Député.	Agriculture.	(Renommé.)					

TABLEAU

des dates de nomination et de démission des Cabinets
(sauf la démission du dernier)
qui se sont succédé du 4 septembre 1870 au 1er juillet 1893

DURÉE DE CHACUN D'EUX

Analyse de la cause de leur démission développée d'autre part.

NOTICE

Ainsi qu'on le verra dans le tableau qui suit, les trente et un ministères qui ont possédé successivement le pouvoir en France pendant les vingt-deux premières années de la IIIe République, ont eu une durée moyenne d'un peu moins de neuf mois et demi ; celui dont l'existence a été la plus longue a vécu deux ans, quatre mois et quatre jours, celui qui a eu la vie la plus courte n'a pu atteindre que l'âge de vingt jours.

Nous ne sommes plus au temps où vivaient les Richelieu, les Mazarin et les Colbert et où les ministères ne changeaient qu'à la mort des hommes politiques qui les détenaient ou des puissants qui les leur avaient confiés. Les mœurs politiques actuelles, il est vrai, ne sont plus les mêmes, les ministres autrefois étaient élus selon le caprice des rois, aujourd'hui ils sont choisis par le Président de la République qui les cherche dans la majorité parlementaire, issue du suffrage universel, et ne les prend, par cela même, qu'à la condition qu'ils possédassent la confiance des Chambres et du pays.

NUMÉROS.	DATES des NOMINATIONS.	DATES des DÉMISSIONS.	DURÉE (Y compris le jour de la démission).	ANALYSE SOMMAIRE de la CAUSE DE DÉMISSION.
1	4 septembre 1870.	13 février 1871.	5 mois et 9 jours.	Les ministres du Gouvernement de la Défense nationale déposent leurs pouvoirs entre les mains de l'Assemblée élue le 8 février 1871.
2	19 février 1870.	24 mai 1873.	2 ans, 4 mois et 5 jours	Interpellation du général Changarnier sur la politique générale et les dernières modifications du Cabinet.
3	25 mai 1873.	24 novembre 1873.	7 mois et 1 jour.	Discussion de la loi électorale.
4	26 novembre 1873.	16 mai 1874.	5 mois et 20 jours.	Priorité donnée à la loi électorale politique.
5	22 mai 1874.	7 janvier 1875.	7 mois et 15 jours.	Priorité donnée à la discussion des lois constitutionnelles après celle des cadres.
6	10 mars 1875.	9 mars 1876.	1 an et 1 jour.	Résultats des élections sénatoriales et du renouvellement de l'Assemblée.
7	9 mars 1876.	3 décembre 1876.	8 mois et 24 jours.	Poursuites pour faits relatifs à l'insurrection de la Commune.
8	12 décembre 1876.	16 mai 1877.	5 mois et 4 jours.	Abstention du président du Conseil aux délibérations de la Chambre.
9	17 mai 1877.	19 novembre 1877.	5 mois et 2 jours.	Conduite du Gouvernement à propos des élections pour le renouvellement de la Chambre.
10	23 novembre 1877.	13 décembre 1877.	20 jours.	Refus de la Chambre de se mettre en rapport avec le Cabinet.
11	13 décembre 1877.	30 janvier 1879.	1 an, 1 mois et 13 jours.	Démission du maréchal de Mac-Mahon entraînant celle du Cabinet.
12	4 février 1879.	26 décembre 1879.	10 mois et 22 jours.	Dislocation du ministère sans vote de la Chambre.
13	28 décembre 1879.	19 septembre 1880.	8 mois et 21 jours.	Mesures à prendre à l'égard des congrégations religieuses.
14	23 septembre 1880.	10 novembre 1881.	1 an et 17 jours.	Interpellation sur les affaires de Tunisie.
15	14 novembre 1881.	27 janvier 1882.	2 mois et 13 jours.	Revision de la Constitution.
16	30 janvier 1882.	29 juillet 1882.	5 mois et 29 jours.	Rejet du crédit demandé en vue d'assurer la sécurité du Canal de Suez.
17	7 août 1882.	29 janvier 1883.	6 mois et 22 jours.	Rejet du projet de loi relatif aux membres des familles ayant régné en France.
18	29 janvier 1883.	18 février 1883.	21 jours.	Interpellation sur les mesures à prendre concernant les membres des familles ayant régné en France.
19	21 février 1883.	30 mars 1885.	2 ans, 1 mois et 9 jours.	Crédits demandés pour l'expédition du Tonkin.
20	6 avril 1885.	29 décembre 1885.	8 mois et 23 jours.	Très faible majorité du vote concernant les crédits du Tonkin.
21	7 janvier 1886.	3 décembre 1886.	10 mois et 3 jours.	Suppression des sous-préfets.
22	12 décembre 1886.	18 mai 1887.	5 mois et 6 jours.	Economies à réaliser sur le budget de 1888.
23	30 mai 1887.	4 décembre 1887.	5 mois et 4 jours.	Interpellation sur la politique générale à la suite de l'affaire Wilson.
24	12 décembre 1887.	30 mars 1888.	3 mois et 18 jours.	Projet de revision des lois constitutionnelles.
25	3 avril 1888.	14 février 1889.	10 mois et 11 jours.	Ajournement de la revision de la Constitution.
26	22 février 1889.	14 mars 1890.	1 an et 22 jours.	Renouvellement du traité de commerce avec la Turquie.
27	17 mars 1890.	19 février 1892.	1 an, 11 mois et 2 jours.	Projet de loi sur les associations.
28	27 février 1892.	28 novembre 1892.	9 mois et 1 jour.	Affaires dites du Panama.
29	6 décembre 1892.	10 janvier 1893.	1 mois et 4 jours.	Suite des affaires dites du Panama (sans vote du Parlement).
30	11 janvier 1893.	30 mars 1893.	2 mois et 11 jours.	Conflit entre les deux Chambres et vote du budget de 1893.
31	4 avril 1893.			

DEUXIÈME PARTIE

ORDRE CHRONOLOGIQUE

Des Ministres qui se sont succédé dans chaque Ministère, du 4 septembre au 1er juillet 1893, avec indication du temps pendant lequel chaque Ministre a conservé son portefeuille (1).

LISTES DES MINISTRES

PAR DATES DE DÉCRETS DE NOMINATION

RÉSUMÉS STATISTIQUES

(1) Les dates indiquées dans la deuxième colonne des tableaux qui suivent sont rigoureusement celles des décrets de nomination des ministres, et afin qu'il n'y ait aucune lacune dans la transmission des pouvoirs, le jour de la cessation des services du ministre sortant est compris dans la durée des fonctions du ministre qui lui succède.

MINISTÈRE DES AFFAIRES ÉTRANGÈRES

NOMS DES MINISTRES.	TEMPS DURANT LEQUEL chaque Ministre A CONSERVÉ SON PORTEFEUILLE.	INTÉRIM et DÉLÉGATIONS DE SIGNATURE.
MM.		
Jules Favre	du 4 septembre 1870 au 2 août 1871.	Par décision du 13 décembre 1870, M. le comte de Chaudordy, délégué du gouvernement à Tours et à Bordeaux, est chargé des fonctions de ministre des Affaires étrangères du 13 décembre 1870 au 10 mars 1871. — M. Jules Ferry, ministre de l'Instruction publique et des Beaux-Arts, fait l'intérim en remplacement de *M. Challemel-Lacour*, absent, 1° Du 16 juin au 1er juillet 1883; 2° Du 16 au 29 septembre 1883; 3° Du 8 au 20 novembre 1883. — Par décret du 29 janvier 1883, M. Fallières, président du Conseil des ministres, ministre de l'Intérieur et des Cultes, est chargé de l'intérim du ministère des Affaires étrangères en remplacement de M. Duclerc. Cet intérim dure du 29 janvier au 21 février 1883.
Charles de Rémusat	du 2 août 1871 au 25 mai 1873.	
Duc de Broglie	du 25 mai 1873 au 26 novembre 1873.	
Duc Decazes	du 26 novembre 1873 au 23 novembre 1877.	
Marquis de Banneville	du 23 novembre 1877 au 13 décembre 1877.	
Waddington	du 13 décembre 1877 au 28 décembre 1879.	
De Freycinet	du 28 décembre 1879 au 23 septembre 1880.	
Barthélemy-Saint-Hilaire	du 23 septembre 1880 au 14 novembre 1881.	
Gambetta	du 14 novembre 1881 au 30 janvier 1882.	
De Freycinet	du 30 janvier 1882 au 7 août 1882.	
Duclerc	du 7 août 1882 au 1er février 1883.	
Challemel-Lacour	du 21 février 1883 au 20 novembre 1883.	
Jules Ferry	du 20 novembre 1883 au 6 avril 1885.	
De Freycinet	du 6 avril 1885 au 13 décembre 1886.	
Flourens	du 13 décembre 1886 au 3 avril 1888.	
René Goblet	du 3 avril 1888 au 22 février 1889.	
Spuller	du 22 février 1889 au 17 mars 1890.	
Ribot	du 17 mars 1890 au 10 janvier 1893.	
Develle (Jules)	du 11 janvier 1893 au	

LISTE

des Ministres des Affaires Étrangères par dates de décrets de nomination.

MM.

1. Jules Favre........................... 4 septembre 1870
2. Jules Favre........................... 19 février 1871
3. De Rémusat (Charles).................. 2 août 1871
4. Duc de Broglie........................ 25 mai 1873
5. Duc Decazes........................... 26 novembre 1873
6. Duc Decazes........................... 22 mai 1874
7. Duc Decazes........................... 10 mars 1875
8. Duc Decazes........................... 9 mars 1876
9. Duc Decazes........................... 17 mai 1877
10. Marquis de Banneville................ 23 novembre 1877
11. Waddington........................... 13 décembre 1877
12. Waddington........................... 4 février 1879
13. De Freycinet......................... 28 décembre 1879
14. Barthélemy-Saint-Hilaire............. 23 septembre 1880
15. Gambetta............................. 14 novembre 1881
16. De Freycinet......................... 30 janvier 1882
17. Duclerc.............................. 7 août 1882
18. Challemel-Lacour..................... 21 février 1883
19. Jules Ferry.......................... 20 novembre 1883
20. De Freycinet......................... 6 avril 1885
21. De Freycinet......................... 7 janvier 1886
22. Flourens............................. 13 décembre 1886
23. Flourens............................. 30 mai 1887
24. Flourens............................. 12 décembre 1887
25. Goblet (René)........................ 3 avril 1888.
26. Spuller.............................. 22 février 1889
27. Ribot................................ 17 mars 1890
28. Ribot................................ 27 février 1892
29. Ribot................................ 6 décembre 1892
30. Develle (Jules)...................... 11 janvier 1893
31. Develle (Jules)...................... 4 avril 1893

MINISTÈRE DES AFFAIRES ÉTRANGÈRES

RÉSUMÉ

STATISTIQUE

Du 4 septembre 1870 au 1er juillet 1893,

Il y a eu :

31 ministres des Affaires étrangères dont 1 vice-président du Conseil, M. le duc de Broglie, et 7 présidents du Conseil, MM. Waddington, de Freycinet (3 fois), Gambetta, Duclerc (1), et Ribot.

Toutefois les fonctions de ministre de ce département n'ont été occupées que par 17 personnages, parce que quelques-uns d'entre eux ont été nommés plusieurs fois ministres, ainsi qu'il est indiqué ci-après, savoir :

MM.	Jules Favre	2 fois	17 personnages
	De Rémusat	1 —	
	Duc de Broglie	1 —	
	Duc Decazes	5 —	
	Marquis de Banneville	1 —	
	Waddington	2 —	
	De Freycinet	4 —	
	Barthélemy-Saint-Hilaire	1 —	
	Gambetta	1 —	
	Duclerc	1 —	
	Challemel-Lacour	1 —	
	Jules Ferry	1 —	
	Flourens	3 —	
	Goblet	1 —	
	Spuller	1 —	
	Ribot	3 —	
	Develle (Jules)	2 —	
		31 ministres.	

(1) M. Jules Ferry, président du Conseil des ministres, ministre de l'Instruction publique, a été nommé ministre des Affaires étrangères, tout en conservant la présidence de ce Conseil, sans qu'il y ait eu un nouveau décret le nommant président.

NOMS DES MINISTRES.	TEMPS DURANT LEQUEL chaque Ministre A CONSERVÉ SON PORTEFEUILLE.	INTÉRIM et DÉLÉGATIONS DE SIGNATURE.
Ministère de l'Agriculture.		
(Créé par décret du 14 novembre 1881.)		
MM.		
Paul Devès	du 14 novembre 1881 au 30 janvier 1882.	
De Mahy	du 30 janvier 1882 au 21 février 1883.	
Méline	du 21 février 1883 au 6 avril 1885.	
Hervé-Mangon	du 6 avril 1885 au 9 novembre 1885.	
Gomot	du 9 novembre 1885 au 7 janvier 1886.	
Develle	du 7 janvier 1886 au 30 mai 1887.	
Barbe	du 30 mai 1887 au 12 décembre 1887.	
Viette	du 12 décembre 1887 au 22 février 1889.	
Faye	du 22 février 1889 au 17 mars 1890.	
Develle	du 17 mars 1890 au 11 janvier 1893.	
Viger	du 11 janvier 1893 au	

NOMS DES MINISTRES.	TEMPS DURANT LEQUEL chaque Ministre A CONSERVÉ SON PORTEFEUILLE	INTÉRIM et DÉLÉGATIONS DE SIGNATURE.

Ministère des Postes et Télégraphes.

(Créé par décret du 6 mars 1879.)

MM.		
Cochery	du 5 mars 1879 au 6 avril 1885.	
Sarrien	du 6 avril 1885 au 7 janvier 1886.	
Granet	du 7 janvier 1886 au 30 mai 1887.	

Par décret du 30 mai 1887, le ministère des Postes et Télégraphes a été supprimé et ce service a été rattaché au ministère des Finances.

Ministère des Cultes.

(Créé par décret du 18 mai 1873.)

M.		
De Fourtou	du 18 mai 1873 au 25 mai 1873.	

Par décret du 25 mai 1873, ce ministère a été supprimé et ce service a été rattaché à l'Instruction publique et Beaux-Arts.

Ministère des Beaux-Arts.

(Créé par décret du 14 novembre 1881.)

M.		
Antonin Proust	du 14 novembre 1881 au 30 janvier 1882.	

Par décret du 30 janvier 1882, ce ministère a été supprimé, et ce service a été rattaché à l'Instruction publique.

LISTE

des Ministres de l'Agriculture, par dates de décrets de nomination.

	MM.	
1.	Paul Devès	14 novembre 1881
2.	De Mahy	30 janvier 1882
3.	De Mahy	7 août 1882
4.	Méline	21 février 1883
5.	Hervé-Mangon	6 avril 1885
6.	Gomot	9 novembre 1885
7.	Develle	7 janvier 1886
8.	Develle	12 décembre 1886
9.	Barbe	30 mai 1887
10.	Viette	12 décembre 1887
11.	Viette	3 avril 1888
12.	Faye	22 février 1890
13.	Develle	17 mars 1890
14.	Develle	27 février 1892
15.	Develle	6 décembre 1892
16.	Viger	11 janvier 1893
17.	Viger	4 avril 1893

LISTE

des Ministres des Postes et Télégraphes, par dates de décrets de nomination.

	MM.	
1.	Cochery	5 mars 1879
2.	Cochery	28 décembre 1879
3.	Cochery	23 septembre 1880
4.	Cochery	14 novembre 1881
5.	Cochery	30 janvier 1882
6.	Cochery	7 août 1882
7.	Cochery	21 février 1883
8.	Sarrien	6 avril 1885
9.	Granet	7 janvier 1886
10.	Granet	12 décembre 1886 (jusqu'au 30 mai 1887, époque à laquelle le ministère est supprimé).

RÉSUMÉ

STATISTIQUE

MINISTÈRE DE L'AGRICULTURE

Du 14 novembre 1881 au 1er juillet 1893,

Il y a eu :

17 ministres de l'Agriculture ; toutes les fonctions ministérielles concernant ce département, qui a été créé par décret du 14 novembre 1881, n'ont été exercées que par 10 personnages, quelques-uns d'entre eux ayant été nommés plusieurs fois ministres, ainsi qu'il est indiqué comme suit :

MM.	Paul Devès	1 fois	10 personnages
	De Mahy	2 —	
	Méline	1 —	
	Hervé-Mangon	1 —	
	Gomot	1 —	
	Develle	5 —	
	Barbe	1 —	
	Viette	2 —	
	Faye	1 —	
	Viger	2 —	
		17 ministres	

MINISTÈRE DES POSTES ET TÉLÉGRAPHES

Du 5 mars 1879, époque de la création de ce ministère au 30 mai 1887, date à laquelle il a été supprimé,

Il y a eu :

10 ministres ; toutefois les fonctions ministérielles n'ont été exercées que par trois personnages, quelques-uns d'entre eux ayant été nommés ministres plusieurs fois, ainsi qu'il est indiqué ci-après :

MM.	Cochery	7 fois	3 personnages
	Sarrien	1 —	
	Granet	2 —	
		10 ministres	

NOTA. — Il n'y a eu qu'un seul ministre des Cultes (M. de Fourtou, 18 mai 1873), et qu'un seul ministre des Beaux-Arts (M. Antonin Proust, 14 novembre 1881).

MINISTÈRE DE L'AGRICULTURE ET DU COMMERCE

Commerce et Colonies — Commerce — Commerce et Industrie.

NOMS DES MINISTRES.	TEMPS DURANT LEQUEL chaque Ministre A CONSERVÉ SON PORTEFEUILLE.	INTÉRIM et DÉLÉGATION DE SIGNATURE.
	Agriculture et Commerce.	
MM.		
Magnin	du 4 septembre 1870 au 19 février 1871.	Par décret du 2 février 1871, M. Dorian, ministre des Travaux publics, a été chargé de l'intérim pendant l'absence de M. Magnin. — Par décrets des 12 et 20 février 1871, la délégation de la signature des actes du Gouvernement du ressort du ministère de l'Agriculture et du Commerce a été conférée à M. Ozenne.
Lambrecht	du 19 février 1871 au 5 juin 1871.	
Victor Lefranc	du 5 juin 1871 au 6 février 1872.	
De Goulard	du 6 février 1872 au 23 avril 1872.	
Teisserenc de Bort	du 23 avril 1872 au 25 mai 1873.	
De la Bouillerie	du 25 mai 1873 au 26 novembre 1873.	
Deseilligny	du 26 novembre 1873 au 22 mai 1874.	
Grivart	du 22 mai 1874 au 10 mars 1875.	
Vicomte de Meaux	du 10 mars 1875 au 9 mars 1876.	
Teisserenc de Bort	du 9 mars 1876 au 17 mai 1877.	
Vicomte de Meaux	du 17 mai 1877 au 23 novembre 1877.	
Ozenne	du 23 novembre 1877 au 13 décembre 1877.	
Teisserenc de Bort	du 13 décembre 1877 au 4 février 1879.	
Lepère	du 4 février 1879 au 5 mars 1879.	
Tirard	du 5 mars 1879 au 14 novembre 1881.	
	Commerce et Colonies.	
Maurice Rouvier	du 14 novembre 1881 au 30 janvier 1882.	

NOMS DES MINISTRES	TEMPS DURANT LEQUEL chaque Ministre A CONSERVÉ SON PORTEFEUILLE.	INTÉRIM et DÉLÉGATIONS DE SIGNATURE.
	Commerce. (30 janvier 1882.)	
MM.		
Tirard	du 30 janvier 1882 au 7 août 1882.	
Pierre Legrand	du 7 août 1882 au 21 février 1883.	
Hérisson	du 21 février 1883 au 13 octobre 1884.	
Maurice Rouvier	du 13 octobre 1884 au 6 avril 1885.	
Pierre Legrand	du 6 avril 1885 au 9 novembre 1885.	
Dautresme	du 9 novembre 1885 au 7 janvier 1886.	
	Commerce et Industrie. (7 janvier 1886.)	
Lockroy	du 7 janvier 1886 au 30 mai 1887.	
Dautresme	du 30 mai 1887 au 3 avril 1888.	
Pierre Legrand	du 3 avril 1888 au 22 février 1889.	
Tirard	du 22 février 1889 au 17 mars 1890.	
	Commerce, Industrie et Colonies. (14 mars 1889.)	
Jules Roche	du 17 mars 1890 au 6 décembre 1892.	
	Commerce et Industrie. (~~6 décembre~~ 8 mars 1892.)	
Siegfried	du 6 décembre 1892 au 11 janvier 1893.	
	Commerce, Industrie et Colonies. (11 janvier 1893.)	
Siegfried	du 11 janvier 1893 au 4 avril 1893.	
Terrier	du 4 avril 1893 au	

LISTE

des Ministres de l'Agriculture et du Commerce

COMMERCE ET COLONIES — COMMERCE — COMMERCE ET INDUSTRIE

par dates de décrets de nomination.

MM.

1. Magnin ... 4 septembre 1870
2. Lambrecht ... 19 février 1871
3. Victor Lefranc ... 5 juin 1871
4. De Goulard ... 6 février 1872
5. Teisserenc de Bort ... 23 avril 1872
6. De la Bouillerie ... 25 mai 1873
7. Descilligny ... 26 novembre 1873
8. Grivart ... 22 mai 1874
9. Vicomte de Meaux ... 10 mars 1875
10. Teisserenc de Bort ... 9 mars 1876
11. Vicomte de Meaux ... 17 mai 1877
12. Ozenne ... 23 novembre 1877
13. Teisserenc de Bort ... 13 décembre 1877
14. Lepère ... 4 février 1879
15. Tirard ... 5 mars 1879
16. Tirard ... 28 décembre 1879
17. Tirard ... 23 septembre 1880
18. Rouvier ... 14 novembre 1881
19. Tirard ... 30 janvier 1882
20. Pierre Legrand ... 7 août 1882
21. Hérisson ... 21 février 1883
22. Rouvier ... 13 octobre 1884
23. Pierre Legrand ... 6 avril 1885
24. Dautresme ... 9 novembre 1885
25. Lockroy ... 7 janvier 1886
26. Lockroy ... 12 décembre 1886
27. Dautresme ... 30 mai 1887
28. Dautresme ... 12 décembre 1887
29. Pierre Legrand ... 3 avril 1888
30. Tirard ... 22 février 1889
31. Jules Roche ... 17 mars 1890
32. Jules Roche ... 27 février 1892
33. Siegfried ... 6 décembre 1892
34. Siegfried ... 11 janvier 1893
35. Terrier ... 4 avril 1893

MINISTÈRE DE L'AGRICULTURE ET DU COMMERCE

Commerce et Colonies — Commerce — Commerce et Industrie.

RÉSUMÉ STATISTIQUE

Du 4 septembre 1870 au 1er juillet 1893,

Il y a eu :

35 ministres de l'Agriculture et du Commerce (1) — (Commerce et Colonies — Commerce — Commerce et Industrie), dont 1 président du Conseil des ministres, M. Tirard ; toutefois les fonctions ministérielles concernant ce département, qui a pris 4 dénominations et duquel l'Agriculture a été retirée pour former un département à part, le 14 novembre 1881, n'ont été exercées que par 20 personnages, quelques-uns d'entre eux ayant été nommés plusieurs fois ministres, ainsi qu'il est indiqué comme suit :

MM. Magnin	1	fois	20 personnages
Lambrecht	1	—	
Victor Lefranc	1	—	
De Goulard	1	—	
Teisserenc de Bort	3	—	
De la Bouillerie	1	—	
Deseilligny	1	—	
Grivart	1	—	
Vicomte de Meaux	2	—	
Ozenne	1	—	
Lepère	1	—	
Tirard	5	—	
Rouvier	2	—	
Pierre Legrand	3	—	
Hérisson	1	—	
Dautresme	3	—	
Lockroy	2	—	
Jules Roche	2	—	
Siegfried	2	—	
Terrier	1	—	
	35	ministres	

Il y a eu **3** intérims.

(1) Ministres de l'Agriculture et du Commerce 18
Ministre du Commerce et des Colonies 1
Ministres du Commerce 6
Ministres du Commerce et de l'Industrie 5
Ministres du Commerce, de l'Industrie et des Colonies 5
35

MINISTÈRE DES FINANCES

NOMS DES MINISTRES	TEMPS DURANT LEQUEL chaque Ministre A CONSERVÉ SON PORTEFEUILLE.	INTÉRIM et DÉLÉGATIONS DE SIGNATURE.
MM. Ernest Picard	du 4 septembre 1870 au 19 février 1871.	Par décret du 27 février 1871, la délégation de la signature des actes du Gouvernement du ressort du ministère des Finances a été confiée à M. Ernest Picard, ministre de l'Intérieur.
Pouyer-Quertier	du 25 février 1871 au 23 avril 1872.	—
De Goulard	du 23 avril 1872 au 7 décembre 1872.	Par décret du 5 mars 1872, M. de Goulard, ministre de l'Agriculture et du Commerce, a été chargé de l'intérim du ministère des Finances, en remplacement de M. Pouyer-Quertier, démissionnaire.
Léon Say	du 7 décembre 1872 au 25 mai 1873.	—
Magne	du 25 mai 1873 au 20 juillet 1874.	Par décret du 17 août 1872, M. Tesserenc de Bort, ministre de l'Agriculture et du Commerce, a été chargé de l'intérim du ministère des Finances.
Mathieu-Bodet	du 20 juillet 1874 au 10 mars 1875.	—
Léon Say	du 10 mars 1875 au 17 mai 1877.	Par décret du 23 mai 1874, M. Caillaux, ministre des Travaux publics, est chargé de l'intérim du ministère des Finances pendant l'absence de M. Magne.
Caillaux	du 17 mai 1877 au 23 novembre 1877.	
Dutilleul	du 23 novembre 1877 au 13 décembre 1877.	
Léon Say	du 13 décembre 1877 au 28 décembre 1879.	
Magnin	du 28 décembre 1879 au 14 novembre 1881.	
Allain-Targé	du 14 novembre 1881 au 30 janvier 1882.	
Léon Say	du 30 janvier 1882 au 7 août 1882.	
Tirard	du 7 août 1882 au 6 avril 1885.	
Clamageran	du 6 avril 1885 au 16 avril 1885.	
Sadi Carnot	du 16 avril 1885 au 12 décembre 1886.	
Dauphin	du 12 décembre 1886 au 30 mai 1887.	
Rouvier	du 30 mai 1887 au 12 décembre 1887.	
Tirard	du 12 décembre 1887 au 3 avril 1888.	
Peytral	du 3 avril 1888 au 22 février 1889.	
Rouvier	du 22 février 1889 au 13 décembre 1892.	
Tirard	du 13 décembre 1892 au 4 avril 1893.	
Peytral	du 4 avril 1893 au	

LISTE

des Ministres des Finances, par dates de décrets de nomination.

MM.

1.	Ernest Picard	4 septembre 1870
2.	Pouyer-Quertier	25 février 1871
3.	De Goulard	23 avril 1872
4.	Léon Say	7 décembre 1872
5.	Magne	25 mai 1873
6.	Magne	26 novembre 1873
7.	Magne	22 mai 1874
8.	Pierre Mathieu-Bodet	20 juillet 1874
9.	Léon Say	10 mars 1875
10.	Léon Say	9 mars 1876
11.	Caillaux	17 mai 1877
12.	Dutilleul	23 novembre 1877
13.	Léon Say	13 décembre 1877
14.	Léon Say	4 février 1879
15.	Magnin	28 décembre 1879
16.	Magnin	23 septembre 1880
17.	Allain-Targé	14 novembre 1881
18.	Léon Say	30 janvier 1882
19.	Tirard	7 août 1882
20.	Tirard	21 février 1883
21.	Clamageran	6 avril 1885
22.	Sadi Carnot	16 avril 1885
23.	Sadi Carnot	7 janvier 1886
24.	Dauphin	12 décembre 1886
25.	Rouvier	30 mai 1887
26.	Tirard	12 décembre 1887
27.	Peytral	3 avril 1888
28.	Rouvier	22 février 1889
29.	Rouvier	17 mars 1890
30.	Rouvier	27 février 1892
31.	Rouvier	6 décembre 1892
32.	Tirard	13 décembre 1892
33.	Tirard	11 janvier 1893
34.	Peytral	4 avril 1893

MINISTÈRE DES FINANCES

RÉSUMÉ

STATISTIQUE

Du 4 septembre 1870 au 1er juillet 1893,

Il y a eu :

34 ministres des Finances, dont 2 présidents du Conseil, MM. Rouvier et Tirard. Les fonctions de ministre des Finances n'ont toutefois été exercées que par 16 personnages, parce que quelques-uns d'entre eux ont été nommés plusieurs fois ministres, ainsi qu'il est indiqué ci-après, savoir :

MM.	Ernest Picard	1 fois	16 personnages
	Pouyer-Quertier	1 —	
	De Goulard	1 —	
	Léon Say	6 —	
	Magne	3 —	
	Pierre Mathieu-Bodet	1 —	
	Caillaux	1 —	
	Dutilleul	1 —	
	Magnin	2 —	
	Allain-Targé	1 —	
	Tirard	5 —	
	Clamageran	1 —	
	Sadi Carnot	2 —	
	Dauphin	1 —	
	Rouvier	5 —	
	Peytral	2 —	
		34 ministres	

Il y a eu **4** intérims.

MINISTÈRE DE LA GUERRE

NOMS DES MINISTRES.	TEMPS DURANT LEQUEL chaque Ministre. A CONSERVÉ SON PORTEFEUILLE.	INTÉRIM et DÉLÉGATIONS DE SIGNATURE.
MM.		
Général Le Flô	du 4 septembre 1870 au 5 juin 1871.	Le 16 septembre 1870 l'amiral Fourichon a été chargé des fonctions de ministre de la Guerre près la délégation du Gouvernement hors Paris.
Général de Cissey	du 5 juin 1871 au 26 novembre 1873.	—
Général du Barrail	du 26 novembre 1873 au 22 mai 1874.	M. Crémieux exerce par intérim les fonctions de ministre de la Guerre à Tours à partir du 3 octobre 1870.
Général de Cissey	du 22 mai 1874 au 15 août 1876.	—
Général Berthaut	du 15 août 1876 au 23 novembre 1877.	M. Gambetta, parti de Paris le 7 octobre 1870 dans le ballon l'*Armand-Barbès*, a pris la direction de la Guerre à Tours à compter du 10 octobre 1870.
Général de Grimaudet de Rochebouët	du 23 novembre 1877 au 13 décembre 1877.	—
Général Borel	du 13 décembre 1877 au 13 janvier 1879.	Par décret du 6 février 1871, M. Emmanuel Arago, membre du Gouvernement, ministre de l'Intérieur est nommé ministre de la Guerre en remplacement de M. Gambetta, et cesse ses fonctions intérimaires le 12 du même mois à l'arrivée du général Le Flô.
Général Gresley	du 13 janvier 1879 au 28 décembre 1879.	
Général Farre	du 28 décembre 1879 au 14 novembre 1881.	
Général Campenon	du 14 novembre 1881 au 30 janvier 1882.	—
Général Billot	du 30 janvier 1882 au 1er février 1883.	Par décret du 20 février 1871, la délégation des actes du Gouvernement du ressort du ministère de la Guerre a été confiée à M. le général Suzanne.
Général Thibaudin	du 1er février 1883 au 9 octobre 1883.	—
Général Campenon	du 9 octobre 1883 au 3 janvier 1885.	Par décret du 28 septembre 1871, M. le vice-amiral Pothuau, ministre de la Marine et des Colonies a été chargé de l'intérim du ministère de la Guerre du 28 septembre au 2 octobre 1871.
Général Lewal	du 3 janvier 1885 au 6 avril 1885.	
Général Campenon	du 6 avril 1885 au 7 janvier 1886.	—
Général Boulanger	du 7 janvier 1886 au 30 mai 1887.	Par décret du 11 août 1874, M. le général de Chabaud-Latour, ministre de l'Intérieur est chargé de l'intérim du ministère de la Guerre du 11 août au 4 septembre 1874.
Général Ferron	du 30 mai 1887 au 12 décembre 1887.	—
Général Logerot	du 12 décembre 1887 au 3 avril 1888.	Par décret du 6 octobre 1883, M. le vice-amiral Peyron, ministre de la Marine et des Colonies, est chargé de l'intérim du ministère de la Guerre du 6 octobre au 9 octobre 1883.
M. de Freycinet	du 3 avril 1888 au 11 janvier 1893.	
Général Loizillon	du 11 janvier 1893 au	

LISTE

des Ministres de la Guerre, par dates de décrets de nomination.

1.	MM. les généraux	Le Flô	4 septembre 1870
2.	—	Le Flô	19 février 1871
3.	—	de Cissey	5 juin 1871
4.	—	de Cissey	25 mai 1873
5.	—	du Barrail	26 novembre 1873
6.	—	de Cissey	22 mai 1874
7.	—	de Cissey	10 mars 1875
8.	—	de Cissey	9 mars 1876
9.	—	Berthaut	15 août 1876
10.	—	Berthaut	17 mai 1877
11.	—	de Grimaudet de Rochebouët	23 novembre 1877
12.	—	Borel	13 décembre 1877
13.	—	Gresley	13 janvier 1879
14.	—	Gresley	4 février 1879
15.	—	Farre	28 décembre 1879
16.	—	Farre	23 septembre 1880
17.	—	Campenon	14 novembre 1881
18.	—	Billot	20 janvier 1882
19.	—	Billot	7 août 1882
20.	—	Thibaudin	1er février 1883
21.	—	Thibaudin	21 février 1883
22.	—	Campenon	9 octobre 1883
23.	—	Lewal	3 janvier 1885
24.	—	Campenon	6 avril 1885
25.	—	Boulanger	7 janvier 1886
26.	—	Boulanger	12 décembre 1886
27.	—	Ferron	30 mai 1887
28.	—	Logerot	12 décembre 1887
29.	M.	de Freycinet	3 avril 1888
30.	—	de Freycinet	22 février 1889
31.	—	de Freycinet	17 mars 1890
32.	—	de Freycinet	27 février 1892
33.	—	de Freycinet	6 décembre 1892
34.	M. le général	Loizillon	11 janvier 1893
35.	—	Loizillon	4 avril 1893

MINISTÈRE DE LA GUERRE

RÉSUMÉ

STATISTIQUE

Du 4 septembre 1870 au 1er juillet 1893,

35 ministres de la Guerre, dont 1 vice-président du Conseil des ministres, M. le général de Cissey, et 2 présidents du même Conseil, M. le général de Grimaudet de Rochebouët et M. de Freycinet.

Les fonctions de ministre de la Guerre n'ont toutefois été occupées que par 17 personnages dont 16 généraux et 1 civil (M. de Freycinet), parce que quelques-uns d'entre eux ont été nommés plusieurs fois ministres, ainsi qu'il est indiqué ci-après :

MM.			
les généraux	Le Flô	2 fois	17 personnages
—	de Cissey	5 —	
—	du Barrail	1 —	
—	Berthaut	2 —	
—	de Grimaudet de Rochebouët	1 —	
—	Borel	1 —	
—	Gresley	2 —	
—	Farre	2 —	
—	Campenon	3 —	
—	Billot	2 —	
—	Thibaudin	2 —	
—	Lewal	1 —	
—	Boulanger	2 —	
—	Ferron	1 —	
—	Logerot	1 —	
M.	de Freycinet	5 —	
M. le général	Loizillon	2 —	
		35 ministres	

Dans ce laps de temps, il y a eu **8** intérims, ou délégations de signature dont 3 hors Paris.

MINISTÈRE DE L'INSTRUCTION PUBLIQUE, DES CULTES ET DES BEAUX-ARTS

NOMS DES MINISTRES.	TEMPS DURANT LEQUEL chaque Ministre A CONSERVÉ SON PORTEFEUILLE.	INTÉRIM et DÉLÉGATIONS DE SIGNATURE.
Instruction publique, Cultes et Beaux-arts.		
MM.		
Jules Simon	du 4 septembre 1870 au 18 mai 1873.	Le 4 février 1871, la délégation de la signature confiée à M. Pelletan, concernant les actes du ministère de l'Instruction publique, Cultes et Beaux-arts, a été conférée à M. Dorian, ministre des Travaux publics, pendant l'absence de M. Jules Simon, parti pour Bordeaux.
Instruction publique et Beaux-arts. (18 mai 1873.)		
Waddington	du 18 mai 1873 au 25 mai 1873.	Par décret du 22 février 1871, la délégation de la signature des actes du ressort du ministère de l'Instruction publique et des Cultes a été confiée à M. Saint-René Taillandier.
Instruction publique, Cultes et Beaux-arts. (25 mai 1873.)		
Batbie	du 25 mai 1873 au 26 novembre 1873.	
De Fourtou	du 26 novembre 1873 au 22 mai 1874.	
Vicomte de Cumont	du 22 mai 1874 au 10 mars 1875.	
Wallon	du 10 mars 1875 au 9 mars 1876.	
Instruction publique et Beaux-arts. (9 mars 1876.)		
Waddington	du 9 mars 1876 au 17 mai 1877.	
Instruction publique, Cultes et Beaux-arts. (17 mai 1877.)		
Brunet	du 17 mai 1877 au 23 novembre 1877.	
Faye	du 23 novembre 1877 au 13 décembre 1877.	
Bardoux	du 13 décembre 1877 au 4 février 1879.	
Instruction publique et Beaux-arts. (4 février 1879.)		
Jules Ferry	du 4 février 1879 au 14 novembre 1881.	

NOMS DES MINISTRES.	TEMPS DURANT LEQUEL chaque Ministre A CONSERVÉ SON PORTEFEUILLE.	INTÉRIM et DÉLÉGATIONS DE SIGNATURE.
	Instruction publique et Cultes. (14 novembre 1881.)	
MM.		
Paul Bert................	du 14 novembre 1881 au 30 janvier 1882.	
	Instruction publique et Beaux-arts. (30 janvier 1882.)	
Jules Ferry..............	du 30 janvier 1882 au 7 août 1882.	
Duvaux...................	du 7 août 1882 au 21 février 1883.	
Jules Ferry..............	du 21 février 1883 au 20 novembre 1883.	
Fallières................	du 20 novembre 1883 au 6 février 1885.	
	Instruction publique, Cultes et Beaux-arts. (6 avril 1885.)	
René Goblet..............	du 6 avril 1885 au 12 décembre 1886.	
	Instruction publique et Beaux-arts. (11 décembre 1886.)	
Berthelot................	du 12 décembre 1886 au 30 mai 1887.	
	Instruction publique, Cultes et Beaux-arts. (30 mai 1887.)	
Spuller..................	du 30 mai 1887 au 12 décembre 1887.	
Faye.....................	du 12 décembre 1887 au 3 avril 1888.	
	Instruction publique et Beaux-arts. (3 avril 1888.)	
Lockroy..................	du 3 avril 1888 au 22 février 1889.	
Fallières................	du 22 février 1889 au 17 mars 1890.	
Léon Bourgeois...........	du 17 mars 1890 au 6 décembre 1892.	
	Instruction publique, Beaux-arts et Cultes. (6 décembre 1892.)	
Charles Dupuy............	du 6 décembre 1892 au 4 avril 1893.	
Poincaré.................	du 4 avril 1893 au	

LISTE

des Ministres de l'Instruction publique (Cultes et Beaux-Arts) par dates de décrets de nomination.

MM.

1. Jules Simon .... 4 septembre 1870
2. Jules Simon .... 19 février 1871
3. Waddington.......................... 18 mai 1873
4. Batbie.......................... 25 mai 1873
5. De Fourtou.......................... 26 novembre 1873
6. Vicomte de Cumont.......................... 22 mai 1874
7. Wallon.......................... 10 mars 1875
8. Waddington.......................... 9 mars 1876
9. Brunet .... 17 mai 1877
10. Faye .... 23 novembre 1877
11. Bardoux.......................... 13 décembre 1877
12. Jules Ferry.......................... 4 février 1879
13. Jules Ferry.......................... 28 décembre 1879
14. Jules Ferry.......................... 23 septembre 1880
15. Paul Bert.......................... 14 novembre 1881
16. Jules Ferry.......................... 30 janvier 1882
17. Duvaux.......................... 7 août 1882
18. Jules Ferry.......................... 21 février 1883
19. Fallières .... 20 novembre 1883
20. René Goblet.......................... 6 avril 1885
21. René Goblet .... 7 janvier 1886
22. Berthelot.......................... 12 décembre 1886
23. Spuller.......................... 30 mai 1887
24. Faye.......................... 12 décembre 1887
25. Édouard Lockroy.......................... 3 avril 1888
26. Fallières.......................... 22 février 1889
27. Léon Bourgeois.......................... 17 mars 1890
28. Léon Bourgeois.......................... 27 février 1892
29. Charles Dupuy.......................... 6 décembre 1892
30. Charles Dupuy.......................... 11 janvier 1893
31. Poincaré .... 4 avril 1893

MINISTÈRE DE L'INSTRUCTION PUBLIQUE, DES CULTES ET DES BEAUX-ARTS

RÉSUMÉ

STATISTIQUE

Du 4 septembre 1870 au 1er juillet 1893,

Il y a eu :

31 ministres de l'Instruction publique (Cultes et Beaux-Arts) dont 2 présidents du Conseil, M. Jules Ferry (2 fois).

Les fonctions de ministre de ce département n'ont été toutefois exercées que par 20 personnages, quelques-uns d'entre eux ayant été nommés plusieurs fois ministres, ainsi qu'il est indiqué comme suit, savoir :

MM.	Jules Simon	2 fois	20 personnages.
	Waddington	2 —	
	Batbie	1 —	
	De Fourtou	1 —	
	Vicomte de Cumont	1 —	
	Wallon	1 —	
	Brunet	1 —	
	Faye	2 —	
	Bardoux	1 —	
	Jules Ferry	5 —	
	Paul Bert	1 —	
	Duvaux	1 —	
	Fallières	2 —	
	René Goblet	2 —	
	Berthelot	1 —	
	Spuller	1 —	
	Édouard Lockroy	1 —	
	Léon Bourgeois	2 —	
	Charles Dupuy	2 —	
	Poincaré	1 —	
		31 ministres	

Il y a eu **2** intérims.

MINISTÈRE DE L'INTÉRIEUR

NOMS DES MINISTRES.	TEMPS DURANT LEQUEL chaque Ministre A CONSERVÉ SON PORTEFEUILLE.	INTÉRIM et DÉLÉGATIONS DE SIGNATURE
MM. Gambetta	du 4 septembre 1870 au 19 février 1871.	Par décret du 7 octobre 1870, M. Jules Favre, ministre des Affaires étrangères, a été chargé de l'intérim du ministère de l'Intérieur, à Paris, pendant l'absence de M. Gambetta, parti pour Tours. — (Du 7 octobre 1878 au 31 janvier 1871.)
Ernest Picard	du 19 février 1871 au 5 juin 1871.	
Lambrecht	du 5 juin 1871 au 8 octobre 1871 (jour de son décès).	—
Casimir-Perier	du 11 octobre 1871 au 6 février 1872.	Par décret du 1er février 1871, M. Hérold, secrétaire du Gouvernement, secrétaire du ministre de la Justice, est nommé ministre de l'Intérieur, par intérim, à Paris, en remplacement de M. Jules Favre, déchargé de ses fonctions sur sa demande. — (Du 1er février au 22 février 1871).
Victor Lefranc	du 6 février 1872 au 7 décembre 1872.	
De Goulard	du 7 décembre 1872 au 18 mai 1873.	—
Casimir-Perier	du 18 mai 1873 au 25 mai 1873.	M. de Rémusat, ministre des Affaires étrangères, fait l'intérim du ministère de l'Intérieur : 1° du 5 au 13 avril 1872 ; 2° du 26 septembre au 8 octobre 1872.
Beulé	du 25 mai 1873 au 26 novembre 1873.	—
Duc de Broglie	du 26 novembre 1873 au 22 mai 1874.	Par décret du 1er décembre 1872, M. de Rémusat, ministre des Affaires étrangères, a été chargé de l'intérim du ministère de l'Intérieur, en remplacement de M. Victor Lefranc, démissionnaire. — (Du 1er décembre au 7 décembre 1872.)
De Fourtou	du 22 mai 1874 au 20 juillet 1874.	
Général baron de Chabaud-Latour	du 20 juillet 1874 au 10 mars 1875.	
Buffet	du 10 mars 1875 au 9 mars 1876.	—
Ricard	du 9 mars 1876 au 11 mai 1876 (jour de son décès).	Le 19 juillet 1874, M. le général de Cissey, vice-président du Conseil, ministre de la Guerre, a été chargé de l'intérim du ministère de l'Intérieur.
De Marcère	du 15 mai 1876 au 12 décembre 1876.	—
Jules Simon	du 12 décembre 1876 au 17 mai 1877.	M. Waddington, ministre de l'Instruction publique et des Beaux-Arts, fait l'intérim du ministère de l'Intérieur, du 29 mars au 7 avril 1877.
De Fourtou	du 17 mai 1877 au 23 novembre 1877.	—
Welche	du 23 novembre 1877 au 13 décembre 1877.	M. le duc de Broglie, ministre de la Justice, fait l'intérim du ministère de l'Intérieur, du 15 au 20 août 1877.
De Marcère	du 13 décembre 1877 au 4 mars 1879.	

Ministère de l'Intérieur et des Cultes.
(4 mars 1879.)

Lepère	du 4 mars 1879 au 17 mai 1880.	Par décret du 17 mai 1880, la délégation de la signature des actes du ministère de l'Intérieur et des Cultes est confiée à M. Fallières, sous-secrétaire d'Etat.
Constans	du 17 mai 1880 au 14 novembre 1881.	

NOMS DES MINISTRES.	TEMPS DURANT LEQUEL chaque Ministre A CONSERVÉ SON PORTEFEUILLE.	INTÉRIM et DÉLÉGATIONS DE SIGNATURE.
	Ministère de l'Intérieur. (14 novembre 1881.)	
MM.		
Waldeck-Rousseau	du 14 novembre 1881 au 30 janvier 1882.	
René Goblet..............	du 30 janvier 1882 au 7 août 1882.	
Fallières	du 7 août 1882 au 21 février 1883.	
	Ministère de l'Intérieur et des Cultes. (13 septembre 1882.)	
Waldeck-Rousseau.........	du 21 février 1883 au 6 avril 1885.	
	Ministère de l'Intérieur. (6 avril 1885.)	
Allain-Targé	du 6 avril 1885 au 7 janvier 1886.	
Sarrien..................	du 7 janvier 1886 au 12 décembre 1886.	
	Ministère de l'Intérieur et des Cultes. (11 décembre 1886.)	
René Goblet..............	du 12 décembre 1886 au 30 mai 1887.	
	Ministère de l'Intérieur. (30 mai 1887.)	
Fallières	du 30 mai 1887 au 12 décembre 1887.	
Sarrien	du 12 décembre 1887 au 3 avril 1888.	
Charles Floquet...........	du 3 avril 1888 au 22 février 1889.	
Constans..................	du 22 février 1889 au 1er mars 1890.	
Léon Bourgeois...........	du 1er mars 1890 au 17 mars 1890.	
Constans..................	du 17 mars 1890 au 27 février 1892.	
Loubet....................	du 27 février 1892 au 11 janvier 1893.	
Ribot	du 11 janvier 1893 au 4 avril 1893.	
Charles Dupuy............	du 4 avril 1893 au	

LISTE

des Ministres de l'Intérieur (et des Cultes) par dates de décrets de nomination.

MM.		
1.	Gambetta	4 septembre 1870
2.	Ernest Picard	19 février 1871
3.	Lambrecht	5 juin 1871
4.	Casimir-Perier	11 octobre 1871
5.	Victor Lefranc	6 février 1872
6.	De Goulard	7 décembre 1872
7.	Casimir-Perier	18 mai 1873
8.	Beulé	25 mai 1873
9.	Duc de Broglie	26 novembre 1873
10.	De Fourtou	22 mai 1874
11.	Général Baron de Chabaud-Latour	20 juillet 1874
12.	Buffet	10 mars 1875
13.	Pierre Ricard	9 mars 1876
14.	De Marcère	15 mai 1876
15.	Jules Simon	12 décembre 1876
16.	De Fourtou	17 mai 1877
17.	Welche	23 novembre 1877
18.	De Marcère	13 décembre 1877
19.	De Marcère	4 février 1879
20.	Lepère	4 mars 1879
21.	Lepère	28 décembre 1879
22.	Constans	17 mai 1880
23.	Constans	23 septembre 1880
24.	Waldeck-Rousseau	14 novembre 1881
25.	René Goblet	30 janvier 1882
26.	Fallières	7 août 1882
27.	Fallières	13 septembre 1882
28.	Waldeck-Rousseau	21 février 1883
29.	Allain-Targé	6 avril 1885
30.	Sarrien	7 janvier 1886
31.	René Goblet	12 décembre 1886
32.	Fallières	30 mai 1887
33.	Sarrien	12 décembre 1887
34.	Charles Floquet	3 avril 1888
35.	Constans	22 février 1889
36.	Léon Bourgeois	1er mars 1890
37.	Constans	17 mars 1890
38.	Loubet	27 mars 1892
39.	Loubet	6 décembre 1892
40.	Ribot	11 janvier 1893
41.	Charles Dupuy	4 avril 1893

MINISTÈRE DE L'INTÉRIEUR (ET CULTES)

RÉSUMÉ STATISTIQUE

Du 4 septembre 1870 au 1er juillet 1893,

Il y a eu :

41 ministres de l'Intérieur (et des Cultes) dont 2 vice-présidents du Conseil des ministres, MM. le duc de Broglie et Buffet, et 7 présidents du même Conseil, MM. Jules Simon, Fallières, Goblet, Floquet, Loubet, Ribot et Dupuy (Charles).

Toutefois les fonctions de ministre de l'Intérieur n'ont été exercées que par 26 personnages, parce que quelques-uns d'entre eux ont été nommés plusieurs fois ministres, ainsi qu'il est indiqué ci-après, savoir :

MM.	Gambetta	1	fois	27 personnages.
	Ernest Picard	1	—	
	Lambrecht	1	—	
	Casimir-Perier	2	—	
	Victor Lefranc	1	—	
	De Goulard	1	—	
	Beulé	1	—	
	Duc de Broglie	1	—	
	De Fourtou	2	—	
	Général Baron de Chabaud-Latour	1	—	
	Buffet	1	—	
	Pierre Ricard	1	—	
	De Marcère	3	—	
	Jules Simon	1	—	
	Welche	1	—	
	Lepère	2	—	
	Constans	4	—	
	Waldeck-Rousseau	2	—	
	René Goblet	2	—	
	Fallières	3	—	
	Allain-Targé	1	—	
	Sarrien	2	—	
	Floquet	1	—	
	Léon Bourgeois	1	—	
	Loubet	2	—	
	Ribot	1	—	
	Charles Dupuy	1	—	
		41	ministres	

Il y a eu **9** intérims.

MINISTÈRE DE LA JUSTICE

NOMS DES MINISTRES.	TEMPS DURANT LEQUEL chaque Ministre A CONSERVÉ SON PORTEFEUILLE.	INTÉRIM et DÉLÉGATIONS DE SIGNATURE.
MM. Crémieux	du 4 septembre 1870 au 19 février 1871.	Le 4 février 1871, la délégation de signature confiée à M. Emmanuel Arago, concernant le ministère de la Justice, est transférée à M. Jules Favre, ministre des Affaires étrangères, pendant l'absence de M. Crémieux, membre de la délégation de Tours.
Dufaure	du 19 février 1871 au 25 mai 1873.	
Ernoul	du 25 mai 1873 au 26 novembre 1873.	
Depeyre	du 26 novembre 1873 au 22 mai 1874.	
Tailhaud	du 22 mai 1874 au 10 mars 1875.	
Dufaure	du 10 mars 1875 au 12 décembre 1876.	

Ministère de la Justice et des Cultes.
(9 mars 1876.)

Martel	du 12 décembre 1876 au 17 mai 1877.	

Ministère de la Justice.
(17 mai 1877.)

Duc de Broglie	du 17 mai 1877 au 23 novembre 1877.	
Lepelletier	du 23 novembre 1877 au 13 décembre 1877.	
Dufaure	du 13 décembre 1877 au 4 février 1879.	
Le Royer	du 4 février 1879 au 28 décembre 1879.	
Cazot	du 28 décembre 1879 au 30 janvier 1882.	

Ministère de la Justice et des Cultes.
(30 janvier 1882.)

Humbert	du 30 janvier 1882 au 7 août 1882.	
Devès	du 7 août 1882 au 21 février 1883.	

NOMS DES MINISTRES	TEMPS DUDANT LEQUEL chaque Ministre A CONSERVÉ SON PORTEFEUILLE.	INTÉRIM et DÉLÉGATIONS DE SIGNATURE.
	Ministère de la Justice. (13 septembre 1882.)	
MM. Martin-Feuillée	du 21 février 1883 au 6 avril 1885.	
	Ministère de la Justice et des Cultes. (27 février 1883.)	
	Ministère de la Justice. (6 avril 1885.)	
Brisson (Henri)	du 6 avril 1885 au 7 janvier 1886.	
Demôle	du 7 janvier 1886 au 12 décembre 1886.	
Sarrien	du 12 décembre 1886 au 30 mai 1887.	
Mazeau	du 30 mai 1887 au 12 décembre 1887.	Par décret du 30 novembre 1887, M. Fallières, ministre de l'Intérieur, a été chargé de l'intérim du ministère de la Justice, en remplacement de M. Mazeau, démissionnaire.
Fallières	du 12 décembre 1887 au 3 avril 1888.	
	Ministère de la Justice et des Cultes. (3 avril 1888.)	
Ferrouillat	du 3 avril 1888 au 5 février 1889.	Par décret du 9 septembre 1888, M. Pierre Legrand, ministre du Commerce et de l'Industrie, a été chargé de l'intérim du ministère de la Justice et des Cultes pendant l'absence de M. Ferrouillat ; cet intérim dure jusqu'au 25 septembre 1888.
Guyot-Dessaigne	du 5 février 1889 au 22 février 1889.	
Thévenet	du 22 février 1889 au 17 mars 1890.	
Fallières	du 17 mars 1890 au 27 février 1892.	
Ricard	du 27 février 1892 au 6 décembre 1892.	
	Ministère de la Justice. (6 décembre 18 92.)	
Bourgeois (Léon)	du 6 décembre 1892 au 4 avril 1893.	Par décret du 12 mars 1893, M. Develle, ministre des Affaires étrangères, est chargé, par intérim, du ministère de la Justice, en remplacement de M. Bourgeois, dont la démission est acceptée. (Par décret du 15 mars 1893, M. Bourgeois reprend son portefeuille.)
Guérin	du 4 avril 1893 au	Par décret du 23 mai 1893, M. Develle, ministre des Affaires étrangères, est chargé de l'intérim de la Justice, pendant l'absence de M. Guérin.

LISTE

des Ministres de la Justice (et des Cultes) par dates de décrets de nomination.

MM.

1.	Crémieux	4 septembre 1870
2.	Dufaure	19 février 1871
3.	Ernoul	25 mai 1873
4.	Depeyre	26 novembre 1873
5.	Tailhaud	22 mai 1874
6.	Dufaure	10 mars 1875
7.	Dufaure	9 mars 1876
8.	Martel	12 décembre 1876
9.	Duc de Broglie	17 mai 1877
10.	Lepelletier	23 novembre 1877
11.	Dufaure	13 décembre 1877
12.	Le Royer	4 février 1879
13.	Cazot	28 décembre 1879
14.	Cazot	23 septembre 1880
15.	Cazot	14 novembre 1881
16.	Humbert	30 janvier 1882
17.	Devès	7 août 1882
18.	Martin Fouillée	21 février 1883
19.	Brisson (Henri)	6 avril 1885
20.	Demôle	7 janvier 1886
21.	Sarrien	12 décembre 1886
22.	Mazeau	30 mai 1887
23.	Fallières	12 décembre 1887
24.	Ferrouillat	3 avril 1888
25.	Guyot-Dessaigne	5 février 1889
26.	Thévenet	22 février 1889
27.	Fallières	17 mars 1890
28.	Ricard (Louis-Pierre-Hippolyte)	27 février 1892
29.	Bourgeois (Léon)	6 décembre 1892
30.	Bourgeois (Léon)	11 janvier 1893
31.	Bourgeois (L.) (Ren. après démission)	15 mars 1893
32.	Guérin	4 avril 1893

MINISTÈRE DE LA JUSTICE ET DES CULTES

RÉSUMÉ STATISTIQUE

Du 4 septembre 1870 au 1er juillet 1893,

Il y a eu :

32 ministres de la Justice (et des Cultes) dont **4** présidents du Conseil des ministres, MM. Dufaure (2 fois), duc de Broglie et Brisson.

Les fonctions de ministre de la Justice (et des Cultes) n'ont été toutefois occupées que par 24 personnages, parce que quelques-uns d'entre eux ont été nommés plusieurs fois ministres, ainsi qu'il est indiqué ci-après :

MM.	Crémieux	1 fois	24 personnages.
	Dufaure	4 —	
	Ernoul	1 —	
	Depeyre	1 —	
	Tailhaud	1 —	
	Martel	1 —	
	Duc de Broglie	1 —	
	Lepelletier	1 —	
	Le Royer	1 —	
	Cazot	3 —	
	Humbert	1 —	
	Devès	1 —	
	Martin-Feuillée	1 —	
	Brisson	1 —	
	Demôle	1 —	
	Sarrien	1 —	
	Mazeau	1 —	
	Fallières	2 —	
	Ferrouillat	1 —	
	Guyot-Dessaigne	1 —	
	Thévenet	1 —	
	Louis Ricard	1 —	
	Bourgeois (Léon)	3 —	
	Guérin	1 —	
		32 ministres	

Il y a eu **4** intérims.

MINISTÈRE DE LA MARINE ET DES COLONIES

NOMS DES MINISTRES.	TEMPS DURANT LEQUEL chaque Ministre A CONSERVÉ SON PORTEFEUILLE.	INTÉRIM et DÉLÉGATIONS DE SIGNATURE.
MM. Le vice-amiral Fourichon..	du 4 septembre 1870 au 19 février 1871.	Le contre-amiral de Dompierre d'Hornoy fait l'intérim, du 5 au 15 septembre 1871, jusqu'à l'arrivée de l'amiral Fourichon.
Le vice-amiral Pothuau....	du 19 février 1871 au 25 mai 1873.	—
Le vice-amiral de Dompierre d'Hornoy................	du 25 mai 1873 au 22 mai 1874.	Par décret du 20 février 1871, la délégation des actes du Gouvernement, du ressort du ministère de la Marine et des Colonies, a été confiée à M. le contre-amiral Chaillé.
Le contre-amiral marquis de Montaignac de Chauvance	du 22 mai 1874 au 9 mars 1876.	—
Le vice-amiral Fourichon..	du 9 mars 1876 au 23 mai 1877.	Par décret du 18 janvier 1877, M. Teisserenc de Bort, ministre de l'Agriculture et du Commerce, fait l'intérim jusqu'au 17 février 1877, date à laquelle l'amiral Fourichon reprend la direction de son ministère.
Le vice-amiral Gicquel des Touches.................	du 23 mai 1877 au 23 novembre 1877.	
Le vice-amiral baron Roussin.......................	du 22 novembre 1877 au 13 décembre 1877.	—
Le vice-amiral Pothuau....	du 13 décembre 1877 au 4 février 1879.	Par décret du 17 mai 1877, M. le général Berthaut, ministre de la Guerre, fait l'intérim, qui dure jusqu'au 23 du même mois.
Le vice-amiral Jauréguiberry......................	du 4 février 1879 au 23 septembre 1880.	
Le vice-amiral Cloué.......	du 23 septembre 1880 au 14 novembre 1881.	

Ministère de la Marine.

(14 novembre 1881.)

Le capitaine de vaisseau Gougeard................	du 14 décembre 1881 au 23 janvier 1880.	

Ministère de la Marine et des Colonies.

(30 janvier 1882.)

Le vice-amiral Jauréguiberry......................	du 30 janvier 1882 au 21 février 1883.	Par décret du 31 janvier 1883, M. de Mahy, ministre de l'Agriculture, fait l'intérim du ministère de la Marine, cet intérim dure du 31 janvier 1883 au 21 février de la même année.
Charles Brun.............	du 21 février 1883. au 9 août 1883.	

NOMS DES MINISTRES.	TEMPS DURANT LEQUEL chaque Ministre A CONSERVÉ SON PORTEFEUILLE.	INTÉRIM et DÉLÉGATIONS DE SIGNATURE.
MM.		
Le vice-amiral Peyron.....	du 9 août 1883 au 6 avril 1885.	
Le contre-amiral Galiber...	du 6 avril 1885 au 7 janvier 1886.	
Le contre-amiral Aube.....	du 7 janvier 1886 au 30 mai 1887.	
Barbey....................	du 30 mai 1887 au 12 décembre 1887.	
De Mahy..................	du 12 décembre 1887 au 5 janvier 1888.	
Le vice-amiral Krantz.....	du 5 janvier 1888. au 22 février 1889.	Par décret du 14 mars 1889, M. de Freycinet, ministre de la Guerre, est chargé de l'intérim du ministère de la Marine et des Colonies, en remplacement de M. le vice-amiral Jaurès, décédé.
Le vice-amiral Jaurès	du 22 février 1889 au 14 mars 1889 (jour de son décès).	

Ministère de la Marine.

(14 mars 1889.)

Le vice-amiral Krantz	du 19 mars 1889 au 10 novembre 1889.	
Barbey....................	du 10 novembre 1889 au 27 février 1892.	

Ministère de la Marine et des Colonies.

(27 février 1892.)

Godefroy Cavaignac........	du 27 février 1892 au 12 juillet 1892.	
Burdeau..................	du 12 juillet 1892 au 12 janvier 1893.	Par décret du 11 janvier 1893, M. Ribot, président du Conseil, ministre de l'Intérieur, est chargé de l'intérim du ministère de la Marine et des Colonies, en remplacement de M. Burdeau, démissionnaire.
Le vice-amiral Rieunier....	du 12 janvier 1893 au	

LISTE

des Ministres de la Marine (et des Colonies) par dates de décrets de nomination.

MM.

1. Le vice-amiral Fourichon.............. 4 septembre 1870
2. Le vice-amiral Pothuau................ 19 février 1871
3. Le vice-amiral de Dompierre d'Hornoy.. 25 mai 1873
4. Le vice-amiral de Dompierre d'Hornoy.. 26 novembre 1873
5. Le contre-amiral marquis de Montaignac de Chauvance...................... 22 mai 1874
6. Le contre-amiral marquis de Montaignac de Chauvance...................... 18 mars 1875
7. Le vice-amiral Fourichon.............. 9 mars 1876
8. Le vice-amiral Gicquel des Touches.... 23 mai 1877
9. Le vice-amiral baron Roussin.......... 23 novembre 1877
10. Le vice-amiral Pothuau............... 13 décembre 1877
11. Le vice-amiral Jauréguiberry......... 4 février 1879
12. Le vice-amiral Jauréguiberry......... 28 décembre 1879
13. Le vice-amiral Cloué................. 23 septembre 1880
14. Le commandant Gougeard.............. 14 novembre 1881
15. Le vice-amiral Jauréguiberry......... 30 janvier 1882
16. Le vice-amiral Jauréguiberry......... 7 août 1882
17. Charles Brun......................... 21 février 1883
18. Le vice-amiral Peyron................ 9 août 1883
19. Le contre-amiral Galiber............. 6 avril 1885
20. Le contre-amiral Aube................ 7 janvier 1886
21. Le contre-amiral Aube................ 12 décembre 1886
22. Barbey............................... 30 mai 1887
23. De Mahy.............................. 12 décembre 1887
24. Le vice-amiral Krantz................ 5 janvier 1888
25. Le vice-amiral Krantz................ 3 avril 1888
26. Le vice-amiral Jaurès................ 22 février 1889
27. Le vice-amiral Krantz................ 19 mars 1889
28. Barbey............................... 10 novembre 1889
29. Barbey............................... 17 mars 1890
30. Godefroy Cavaignac................... 27 février 1892
31. Burdeau.............................. 12 juillet 1892
32. Burdeau.............................. 6 décembre 1892
33. Le vice-amiral Rieunier.............. 12 janvier 1893
34. Le vice-amiral Rieunier.............. 4 avril 1893

MINISTÈRE DE LA MARINE (ET COLONIES)

RÉSUMÉ

STATISTIQUE

Du 4 septembre 1870 au 1er juillet 1893,

Il y a eu :

34 ministres de la Marine (et des Colonies) dont 18 étaient vice-amiraux, 7 contre-amiraux, 1 capitaine de vaisseau et 8 civils.

Les fonctions de ministre de la Marine (et des Colonies) n'ont été toutefois exercées que par 20 personnages, parce que quelques-uns d'entre eux ont été nommés plusieurs fois ministres, comme il est indiqué ci-dessous, savoir :

MM.	Le V.-A. Fourichon	2 fois	20 personnages.
	Le V.-A. Pothuau	2 —	
	Le C.-A. de Dompierre d'Hornoy	2 —	
	Le C.-A. marquis de Montaignac de Chauvance	2 —	
	Le V.-A. Gicquel des Touches	1 —	
	Le V.-A. baron Roussin	1 —	
	Le V.-A. Jauréguiberry	4 —	
	Le V.-A. Cloué	1 —	
	Le C. de V. Gougeard	1 —	
	Brun	1 —	
	Le V.-A. Peyron	1 —	
	Le C.-A. Galiber	1 —	
	Le C.-A. Aube	2 —	
	Barbey	3 —	
	De Mahy	1 —	
	Le V.-A. Krantz	3 —	
	Le V.-A. Jaurès	1 —	
	Godefroy Cavaignac	1 —	
	Burdeau	2 —	
	Le V.-A. Rieunier	2 —	
		34 ministres	

Il y a eu **7** intérims.

MINISTÈRE DES TRAVAUX PUBLICS

NOMS DES MINISTRES.	TEMPS DURANT LEQUEL chaque Ministre A CONSERVÉ SON PORTEFEUILLE.	INTÉRIM et DÉLÉGATIONS DE SIGNATURE.
MM.		
Dorian	du 4 septembre 1870 au 19 février 1871.	Par décret du 16 février 1871, la délégation de la signature des actes concernant le ministère des Travaux publics est conférée à M. Collignon, inspecteur général des ponts et chaussées, pendant l'absence de M. Dorian.
Baron de Larcy	du 19 février 1871 au 7 décembre 1872.	—
De Fourtou	du 7 décembre 1872 au 18 mai 1873.	Par décret du 20 février 1871, la délégation de la signature des actes du Gouvernement, du ressort du ministère des Travaux publics, a été confiée à M. Collignon.
Bérenger	du 18 mai 1873 au 25 mai 1873.	—
Deseilligny	du 25 mai 1873 au 26 novembre 1873.	Par décret du 27 juin 1872, M. Teisserenc de Bort, ministre de l'Agriculture et du Commerce, est chargé de l'intérim du ministère des Travaux publics, en remplacement de M. de Larcy, démissionnaire ; cet intérim cesse le 7 décembre 1872.
Baron de Larcy	du 26 novembre 1873 au 22 mai 1874.	—
Caillaux	du 22 mai 1874 au 9 mars 1876.	Par décret du 7 août, M. Pierre Legrand, ministre du Commerce, a été chargé de l'intérim du ministère des Travaux publics ; cet intérim dure du 7 au 10 août 1882.
Christophle	du 9 mars 1876 au 17 mai 1877.	
Paris	du 17 mai 1877 au 23 novembre 1877.	
Graëff	du 23 novembre 1877 au 13 décembre 1877.	
De Freycinet	du 13 décembre 1877 au 28 décembre 1879.	
Varroy	du 28 décembre 1879 au 23 septembre 1880.	

NOMS DES MINISTRES.	TEMPS DURANT LEQUEL chaque Ministre A CONSERVÉ SON PORTEFEUILLE.	INTÉRIM et DÉLÉGATIONS DE SIGNATURE.
MM. Sadi Carnot	du 23 septembre 1880 au 14 novembre 1881.	
Raynal	du 14 novembre 1881 au 30 janvier 1882.	
Varroy	du 30 janvier 1882 au 10 août 1882.	
Hérisson	du 10 août 1882 au 21 février 1883.	
David Raynal	du 21 février 1883 au 6 avril 1885.	
Sadi Carnot	du 6 avril 1885 au 16 avril 1885.	
Demôle	du 16 avril 1885 au 7 janvier 1886.	
Baïhaut	du 7 janvier 1886 au 4 novembre 1886.	
Édouard Millaud	du 4 novembre 1886 au 30 mai 1887.	
De Hérédia	du 30 mai 1887 au 12 décembre 1887.	
Loubet	du 12 décembre 1887 au 3 avril 1888.	
Deluns-Montaud	du 3 avril 1888 au 22 février 1889	
Yves Guyot	du 22 février 1889 au 27 février 1892.	
Viette	du 27 février 1892 au	

LISTE

des Ministres des Travaux publics par dates de décrets de nomination.

	MM.	
1.	Dorian	4 septembre 1870
2.	Baron de Larcy	19 février 1871
3.	Fourtou	7 décembre 1872
4.	Bérenger	18 mai 1873
5.	Deseilligny	25 mai 1873
6.	Baron de Larcy	26 novembre 1873
7.	Caillaux	22 mai 1874
8.	Caillaux	10 mars 1875
9.	Christophle	9 mars 1876
10.	Paris	17 mai 1877
11.	Graëff	23 novembre 1877
12.	De Freycinet	13 décembre 1877
13.	De Freycinet	4 février 1879
14.	Varroy	28 décembre 1879
15.	Sadi Carnot	23 septembre 1880
16.	Raynal	14 novembre 1881
17.	Varroy	30 janvier 1882
18.	Hérisson	10 août 1882
19.	Raynal	21 février 1883
20.	Sadi Carnot	6 avril 1885
21.	Demôle	16 avril 1885
22.	Baïhaut	7 janvier 1886
23.	Édouard Millaud	4 novembre 1886
24.	Édouard Millaud	12 décembre 1866
25.	De Hérédia	30 mai 1887
26.	Loubet	12 décembre 1887
27.	Deluns-Montaud	3 avril 1888
28.	Yves Guyot	22 février 1889
29.	Yves Guyot	17 mars 1890
30.	Viette	27 février 1892
31.	Viette	6 décembre 1892
32.	Viette	11 janvier 1893
33.	Viette	4 avril 1893

MINISTÈRE DES TRAVAUX PUBLICS

RÉSUMÉ STATISTIQUE

Du 4 septembre 1870 au 1er juillet 1893,

Il y a eu :

33 ministres des Travaux publics; toutefois les fonctions de ministre de ce département n'ont été exercées que par 22 personnages, parce que quelques-uns d'entre eux ont été nommés plusieurs fois ministres, comme il est indiqué ci-après, savoir :

MM. Dorian	1	fois	22 personnages.
Baron de Larcy	2	—	
Fourtou	1	—	
Bérenger	1	—	
Deseilligny	1	—	
Caillaux	2	—	
Christophle	1	—	
Paris	1	—	
Graëff	1	—	
De Freycinet	2	—	
Varroy	2	—	
Sadi Carnot	2	—	
Raynal	2	—	
Hérisson	1	—	
Demôle	1	—	
Baïhaut	1	—	
Édouard Millaud	2	—	
De Hérédia	1	—	
Loubet	1	—	
Deluns-Moutaud	1	—	
Yves Guyot	2	—	
Viette	1	—	
	33 ministres.		

Il y a eu **4** intérims.

RÉCAPITULATION GÉNÉRALE

Tableau récapitulatif n° 1.

NUMÉRO D'ORDRE	Nombre de Cabinets.	DATES de NOMINATION des Cabinets.	NOMS des VICE-PRÉSIDENTS et Présidents des Conseils des Ministres.	MINISTÈRES auxquels ont été AFFECTÉS LES Vice-Présidents et Présidents des Conseils des Ministres.	NOMBRE DES MINISTRES nommés dans chaque Cabinet au moment de sa formation.	NOMBRE DES MINISTRES nommés pendant la durée de chaque Cabinet par suite de démissions partielles.
»	1	4 septembre 1870	»	» (1)	9	»
1	2	19 février 1870..	Thiers	» (2)	9	16
2	3	25 mai 1872	Duc de Broglie	Affaires étrangères	9	»
3	4	26 novembre 1873	Duc de Broglie	Intérieur	9	»
4	5	22 mai 1874	Général de Cissey	Guerre	9	2
5	6	10 mars 1875	Buffet	Intérieur	9	»
6	7	9 mars 1876	Dufaure	Justice	9	2
7	8	12 décembre 1876	Simon (Jules)	Intérieur	2	»
8	9	17 mai 1877	Duc de Broglie	Justice	9	»
9	10	23 novembre 1877	Général Grimaudet de Rochebouët	Guerre	9	»
10	11	13 décembre 1877	Dufaure	Justice	9	1
11	12	4 février 1879	Waddington	Affaires étrangères	10	2
12	13	28 décembre 1879	De Freycinet	Affaires étrangères	10	1
13	14	23 septemb. 1880	Ferry	Instruction publique	10	»
14	15	14 novembre 1881	Gambetta	Affaires étrangères	12	»
15	16	30 janvier 1882	De Freycinet	Affaires étrangères	11	»
16	17	7-10 août 1882	Duclerc	Affaires étrangères	11	1
17	18	29 janvier 1883	Fallières	Intérieur	»	1
18	19	21 février 1883	Ferry	Instruction publique	11	6
19	20	6 avril 1885	Brisson	Justice	11	4
20	21	7 janvier 1886	De Freycinet	Affaires étrangères	11	1
21	22	12 décembre 1886	Goblet	Intérieur et Cultes	11	»
22	23	30 mai 1887	Rouvier	Finances	10	»
23	24	12 décembre 1887	Tirard	Finances	10	1
24	25	3 avril 1888	Floquet	Intérieur	10	1
25	26	22 février 1889	Tirard	Commerce et Industrie	10	3
26	27	17 mars 1890	De Freycinet	Guerre	10	»
27	28	27 février 1892	Loubet	Intérieur	10	1
28	29	6 décembre 1892	Ribot	Affaires étrangères	10	1
29	30	11 janvier 1893	Ribot	Intérieur	10	1
30	31	4 avril 1893	Dupuy (C.)	Intérieur	10	»
				Totaux	290	45
				Total général	335	

OBSERVATIONS.

(1) Le général Trochu a été nommé Président du Gouvernement de la Défense nationale sans portefeuille.

—

(2) M. Thiers a été nommé d'abord chef du pouvoir exécutif de la République française, puis Président de la République française, président du Conseil des ministres, sans portefeuille.

—

Il y a eu 1 intérim de vice-président du Conseil le 11 août 1874. M. le général de Chabaud-Latour, ministre de l'Intérieur, en remplacement de M. de Cissey pendant l'absence de ce dernier.

RÉCAPITULATION GÉNÉRALE (*Suite*)

Tableau récapitulatif n° 2.

MINISTÈRES. 1	NOMBRE de MINISTRES par Ministères. 2	NOMBRE DES VICE-PRÉSIDENTS du Conseil. 3	NOMBRE DES PRÉSIDENTS du Conseil. 4	NOMS des VICE-PRÉSIDENTS du Conseil. 5	NOMS des PRÉSIDENTS du Conseil. 6	NOMBRE de PERSONNAGES ayant été Ministres dans chaque Ministère. 7
M. Thiers, sans portefeuille	»	»	1	MM. »	MM. »	»
Affaires étrangères	31	1	7	Duc de Broglie.	Waddington De Freycinet (3 fois). Gambetta Duclerc Ribot	17
Agriculture	17	»	»	»	»	10
Agriculture et Commerce, etc	35	»	1	»	Tirard (2)	20
Beaux-Arts	1	»	»	»	»	1
Cultes	1	»	»	»	»	1
Finances	34	»	2	»	Rouvier Tirard	16
Guerre	35	1	2	Gal de Cissey	Grimaudet de Rochebouët De Freycinet	17
Instruction publique, etc.	31	»	2	»	Ferry	20
Intérieur	41	2	7	Duc de Broglie. Buffet	Simon (Jules) Fallières Goblet Floquet Loubet Ribot Dupuy (Ch.)	27
Justice	32	»	4	»	Dufaure (2 fois) Duc de Broglie Brisson	24
Marine, etc.	34	»	»	»	»	20
Postes et télégraphes	10	»	»	»	»	3
Travaux publics	33	»	»	»	»	22
Totaux	335 (1)	4	26			198 (1)
		Soit **30** Cabinets qui, avec celui du 4 septembre 1870, qui n'a eu ni président ni vice-président, forment un total de 31 ministères.				

(1) Toutefois, sur les **335** ministres faisant l'objet de **335** décrets de nomination et figurant dans la colonne 2 du tableau ci-dessus et sur les **198** personnages ayant été ministres dans chaque ministère, inscrits dans la colonne 7, il n'y a eu en réalité que **154** personnes ayant détenu le pouvoir jusqu'à ce jour, parce qu'un certain nombre d'entre elles ont été ministres dans plusieurs ministères différents.

(2) Dont le titre était « Commerce et Industrie. »

TROISIÈME PARTIE

TABLE ALPHABÉTIQUE

DES

154 PERSONNAGES

Ayant été ministres sous la 3e République et nombre de fois que chacun d'eux a été nommé aux fonctions ministérielles du 4 septembre 1870 au 1er juillet 1893 soit dans le même ministère, soit dans des ministères différents, avec indication de leur nomination soit à la Vice-Présidence, soit à la Présidence du Conseil des ministres.

NUMÉROS D'ORDRE ALPHABÉTIQUE	NOMS	MINISTÈRES	NOMBRE DE FOIS MINISTRES	VICE-PRÉSIDENTS du Conseil	PRÉSIDENTS du Conseil
1	Allain-Targé	Finances, 14 novembre 1881 .... Intérieur, 6 avril 1885	2	»	»
2	Aube..................	Marine et Colonies, 7 janvier 1886.. — 12 décembre 1886.	2	»	»
3	Baïhaut	Travaux publics, 7 janvier 1886.....	1	»	»
4	Banneville (Marq[is] de).	Affaires étrangères, 23 novembre 1877.	1	»	»
5	Barbe................	Agriculture, 30 mai 1887...........	1	»	»
6	Barbey...............	Marine et Colonies, 30 mai 1887.... Marine, 10 novembre 1889 .... — 17 mars 1890..............	3	»	»
7	Bardoux	Instruction publique, Cultes et Beaux-Arts, 13 décembre 1877	1	»	»
8	Barrail (Général du).	Guerre, 26 novembre 1873..........	1	»	»
9	Barthélemy-St-Hilaire.	Affaires étrangères, 23 septembre 1880	1	»	»
10	Batbie	Instruction publique, Cultes et Beaux-Arts, 25 mai 1873.........	1	»	»
11	Bérenger............	Travaux publics, 18 mai 1873	1	»	»
12	Bert (Paul)..........	Instruction publique et Cultes, 14 novembre 1881.....................	1	»	»
13	Berthaut (Général)...	Guerre, 15 août 1876 .... — 17 mai 1877	2	»	»
14	Berthelot...........	Instruction publique et Beaux-Arts, 12 décembre 1886................	1	»	»
15	Beulé	Intérieur, 25 mai 1873	1	»	»
16	Billot (Général)......	Guerre, 30 janvier 1882 .... — 7 août 1882................	2	»	»
17	Borel (Général)	Guerre, 13 décembre 1877	1	»	»
18	Bouillerie (De la)....	Agriculture et Commerce, 25 mai 1873.	1	»	»
19	Boulanger (Général).	Guerre, 7 janvier 1886 .... — 12 décembre 1886	2	»	»
20	Bourgeois (Léon)....	Intérieur, 1er mars 1890............ Instruction publique et Beaux-Arts, 17 mars 1890 .... Instruction publique et Beaux-Arts, 22 février 1892 .... Justice, 6 décembre 1892........... — 11 janvier 1893............ — 15 mars 1893.............	6	»	»
		A reporter......	32	»	»

NUMÉROS D'ORDRE ALPHABÉTIQUE	NOMS	MINISTÈRES	NOMBRE DE FOIS MINISTRES	VICE-PRÉSIDENTS du Conseil	PRÉSIDENTS du Conseil
		Report......	32	»	»
21	Brisson (Henri)......	Justice, 6 avril 1885. *Président du Conseil*........................	1	»	1
22	Broglie (Duc de).....	Affaires étrangères, 25 mai 1873. *Vice-Président du Conseil*...... Intérieur, 26 novembre 1873. *Vice-Président du Conseil*.......... Justice, 17 mai 1877. *Président du Conseil*........................	3	2	1
23	Brun (Charles).......	Marine et Colonies, 21 février 1883.	1	»	»
24	Brunet.............	Instruction publique, Cultes et Beaux-Arts, 17 mai 1877...............	1	»	»
25	Buffet..............	Intérieur, 10 mars 1875. *Vice-Président du Conseil*..............	1	1	»
26	Burdeau............	Marine et Colonies, 12 juillet 1892.. — 6 décembre 1892.	2	»	»
27	Caillaux............	Travaux publics, 22 mai 1874...... — 10 mars 1875..... Finances, 17 mai 1877.............	3	»	»
28	Campenon (Général)..	Guerre, 14 novembre 1881......... — 9 octobre 1883............. — 6 avril 1885...............	3	»	»
29	Carnot (Sadi).......	Travaux publics, 23 septembre 1880. — 6 avril 1885...... Finances, 16 avril 1885............ — 7 janvier 1886..........	4	»	»
30	Cavaignac (Godefroy).	Marine, 27 février 1892 (et Colonies, 8 mars 1892)..................	1	»	»
31	Cazot..............	Justice, 28 décembre 1879......... — 23 décembre 1880......... — 14 novembre 1881.........	3	»	»
32	Cissey (Général de)..	Guerre, 5 juin 1871.............. — 25 mai 1873.............. — 22 mai 1874. *Vice-Président du Conseil*...................... Guerre, 10 mars 1875............. — 9 mars 1876..............	5	1	»
33	Chabaud-Latour (Général de)..........	Intérieur, 20 juillet 1874...........	1	»	»
34	Challemel-Lacour....	Affaires étrangères, 21 février 1883.	1	»	»
		A reporter......	62	4	2

NUMÉROS D'ORDRE ALPHABÉTIQUE	NOMS	MINISTÈRES	NOMBRE DE FOIS		
			MINISTRES	VICE-PRÉSIDENTS du Conseil	PRÉSIDENTS du Conseil
		Report......	62	4	2
35	Christophle..........	Travaux publics, 9 mars 1876......	1	»	»
36	Clamageran..........	Finances, 6 avril 1885	1	»	»
37	Cloué (Vice-amiral)...	Marine et Colonies, 23 septembre 1880.	1	»	»
38	Cochery............	Postes et Télégraphes, 5 mars 1879. — 28 décembre 1879. — 23 septembre 1880. — 14 novembre 1881. — 30 janvier 1882... — 7 août 1882..... — 21 février 1883...	7	»	»
39	Constans...........	Intérieur et Cultes, 17 mai 1880.... — 23 septembre 1880. Intérieur, 22 février 1889.......... — 17 mars 1890	4	»	»
40	Crémieux	Justice, 4 septembre 1870..........	1	»	»
41	Cumont (Vicomte de).	Instruction publique, Cultes et Beaux-Arts, 22 mai 1874.........	1	»	»
42	Dauphin............	Finances, 12 décembre 1886........	1	»	»
43	Dautresme	Commerce, 9 novembre 1885 .... Commerce et Industrie, 30 mai 1887. — 12 décembre 1887.	3	»	»
44	Decazes (Duc).......	Affaires étrangères, 26 novembre 1873. — 22 mai 1874 ..... — 10 mars 1875 .... — 9 mars 1876 .... — 17 mai 1877	5	»	»
45	Deluns-Montaud	Travaux publics, 3 avril 1888	1	»	»
46	Demôle	Travaux publics, 16 avril 1885 ..... Justice, 7 janvier 1886.............	2	»	»
47	Depeyre............	Justice, 26 novembre 1873	1	»	»
48	Deseilligny..........	Travaux publics, 25 mai 1873 ...... Agriculture et Commerce, 26 novembre 1873....................	2	»	»
		A reporter......	93	4	2

NUMÉROS D'ORDRE ALPHABÉTIQUE	NOMS	MINISTÈRES	NOMBRE DE FOIS		
			MINISTRES	VICE-PRÉSIDENTS du Conseil	PRÉSIDENTS du Conseil
		Report	93	4	2
49	Develle	Agriculture, 7 janvier 1886 .... — 12 décembre 1886 ...... — 17 mars 1890 .... — 17 février 1892 .... — 6 décembre 1892 .... Affaires étrangères, 11 janvier 1893. — 4 avril 1893 ...	7	»	»
50	Devès	Agriculture, 14 novembre 1881 ..... Justice, 7 août 1882	2	»	»
51	Dompierre d'Hornoy (Amiral de)	Marine et Colonies, 25 mai 1873 .... — 26 novembre 1873.	2	»	»
52	Dorian	Travaux publics, 4 septembre 1870.	1	»	»
53	Duclerc	Affaires étrangères, 7 août 1882. *Président du Conseil*	1	»	1
54	Dufaure	Justice, 19 février 1871 .... — 10 mars 1875 .... — 9 mars 1876. *Président du Conseil* .... Justice, 13 décembre 1877. *Président du Conseil*	4	»	2
55	Dutilleul	Finances, 23 novembre 1877	1	»	»
56	Duvaux	Instruction publique et Beaux-Arts, 7 août 1882	1	»	»
57	Dupuy (Charles)	Instruction publique, Beaux-Arts et Cultes, 6 décembre 1892 .... Instruction publique, Beaux-Arts et Cultes, 11 janvier 1893 .... Intérieur, 4 avril 1893, *Président du Conseil*	3	»	1
58	Ernoul	Justice, 25 mai 1873	1	»	»
59	Fallières	Intérieur, 7 août 1882 .... Intérieur et Cultes, 13 septembre 1882 .... *Président du Conseil*, 29 janvier 1883. Instruction publique et Beaux-Arts, 20 novembre 1883 .... Intérieur, 30 mai 1887 .... Justice, 12 décembre 1887 .... Instruction publique et Beaux-Arts, 22 février 1889 .... Justice et Cultes, 17 mars 1890	7	»	1
		A reporter	123	4	7

NUMÉROS D'ORDRE ALPHABÉTIQUE	NOMS	MINISTÈRES	NOMBRE DE FOIS		
			MINISTRES	VICE-PRÉSIDENTS du Conseil	PRÉSIDENTS du Conseil
		Report......	123	4	7
60	Farre (Général)......	Guerre, 28 décembre 1879.......... — 23 septembre 1880.........	2	»	»
61	Favre (Jules)........	Affaires étrangères, 4 septembre 1870 — 19 février 1871 ...	2	»	»
62	Faye................	Instruction publique, Cultes et Beaux-Arts, 23 novembre 1877... Instruction publique, Cultes et Beaux-Arts, 12 décembre 1887.... Agriculture, 22 février 1889........	3	»	»
63	Ferron (Général).....	Guerre, 30 mai 1887	1	»	»
64	Ferrouillat..........	Justice et Cultes, 3 avril 1888......	1	»	»
65	Ferry (Jules)........	Instruction publique et Beaux-Arts, 4 février 1879 .... Instruction publique et Beaux-Arts, 28 décembre 1879 .... Instruction publique et Beaux-Arts, 23 septembre 1880. *Président du Conseil* .... Instruction publique et Beaux-Arts, 30 janvier 1882................ Instruction publique et Beaux-Arts, 21 février 1883. *Président du Conseil*........................ Affaires étrangères, 20 novembre 1883	6	»	2
66	Floquet (Charles)....	Intérieur, 3 avril 1888. *Président du Conseil*	1	»	1
67	Flourens............	Affaires étrangères, 13 décembre 1886. — 30 mai 1887...... — 12 décembre 1887.	3	»	»
68	Fourtou (De)........	Travaux publics, 7 décembre 1872.. Cultes, 18 mai 1873............... Instruction publique, Cultes et Beaux-Arts, 26 novembre 1873.... Intérieur, 22 mai 1874 .... — 17 mai 1877	5	»	»
69	Fourichon (Amiral)...	Marine et Colonies, 4 septembre 1870. — 9 mars 1876.....	2	»	»
		A reporter......	149	4	10

NUMÉROS D'ORDRE ALPHABÉTIQUE	NOMS	MINISTÈRES	NOMBRE DE FOIS MINISTRES	VICE-PRÉSIDENTS du Conseil	PRÉSIDENTS du Conseil
		Report......	149	4	10
70	Freycinet (De).......	Travaux publics, 13 décembre 1877. — 4 février 1879 ... Affaires étrangères, 28 décembre 1879. *Président du Conseil*........... Affaires étrangères, 30 janvier 1882. *Président du Conseil*........... Affaires étrangères, 6 avril 1885... Affaires étrangères, 7 janvier 1886. *Président du Conseil*........... Guerre, 3 avril 1888 .... — 22 février 1889 .... — 17 mars 1890. *Président du Conseil*........................ Guerre, 27 février 1892............. — 6 décembre 1892..........	11	»	4
71	Galiber (Amiral).....	Marine et Colonies, 6 avril 1885	1	»	»
72	Gambetta............	Intérieur, 4 septembre 1870........ Affaires étrangères, 14 novembre 1881. *Président du Conseil*...........	2	»	1
73	Gicquel des Touches (Amiral)...........	Marine et Colonies, 23 mai 1877 ...	1	»	»
74	Goblet (René)........	Intérieur, 30 janvier 1882.......... Instruction publique, Cultes et Beaux-Arts, 6 avril 1885......... Instruction publique, Cultes et Beaux-Arts, 7 janvier 1886....... Intérieur et Cultes, 12 décembre 1886. *Président du Conseil*........... Affaires étrangères, 3 avril 1888....	5	»	1
75	Gomot..............	Agriculture, 9 novembre 1885......	1	»	»
76	Gougeard............	Marine, 14 novembre 1881	1	»	»
77	Goulard (De).........	Agriculture et Commerce, 6 février 1872 .... Finances, 23 avril 1872 .... Intérieur, 7 décembre 1872.........	3	»	»
78	Graëff..............	Travaux publics, 23 novembre 1877.	1	»	»
79	Granet..............	Postes et Télégraphes, 7 janvier 1886. — 12 décembre 1886.	2	»	»
80	Gresley (Général)....	Guerre, 13 janvier 1879............ — 4 février 1879	2	»	»
		A reporter......	179	4	16

NUMÉROS D'ORDRE ALPHABÉTIQUE	NOMS	MINISTÈRES	NOMBRE DE FOIS		
			MINISTRES	VICE-PRÉSIDENTS du Conseil	PRÉSIDENTS du Conseil
		Report......	179	4	16
81	Grimaudet de Rochebouët (Général de)..	Guerre, 23 novembre 1877. *Président du Conseil*	1	»	1
82	Grivart..............	Agriculture et Commerce, 22 mai 1874.	1	»	»
83	Guérin..............	Justice, 4 avril 1893	1	»	»
84	Guyot (Yves)........	Travaux publics, 22 février 1889 .... — 17 mars 1890......	2	»	»
85	Guyot-Dessaigne.....	Justice, 5 avril 1889..............	1	»	»
86	Hérédia (De).........	Travaux publics, 30 mai 1887	1	»	»
87	Hérisson............	Travaux publics, 10 août 1882 ..... Commerce, 21 février 1883	2	»	»
88	Hervé-Mangon.......	Agriculture, 6 avril 1885	1	»	»
89	Humbert...........	Justice et Cultes, 30 janvier 1882 ..	1	»	»
90	Jauréguiberry	Marine et Colonies, 4 février 1879 .. — 28 décembre 1879. — 30 janvier 1882.. — 7 août 1882......	4	»	»
91	Jaurès.............	Marine et Colonies, 22 février 1889.	1	»	»
92	Krantz (Amiral)......	Marine et Colonies, 5 janvier 1888.. — 3 avril 1888.... — 19 mars 1889...	3	»	»
93	Lambrecht..........	Agriculture et Commerce, 19 février 1871 .... Intérieur, 5 juin 1871	2	»	»
94	Larcy (De)..........	Travaux publics, 19 février 1871 ... — 26 novembre 1873.	2	»	»
95	Le Flô (Général).....	Guerre, 4 septembre 1870.......... — 19 février 1871.............	2	»	»
96	Lefranc (Victor)	Agriculture et Commerce, 5 juin 1871. Intérieur, 6 février 1872...........	2	»	»
97	Legrand (Pierre).....	Commerce, 7 août 1882 .... — 6 avril 1885 ... . Commerce et Industrie, 3 avril 1888.	3	»	»
98	Lepelletier..........	Justice, 23 novembre 1877	1	»	»
		A reporter......	210	4	17

NUMÉROS D'ORDRE ALPHABÉTIQUE	NOMS	MINISTÈRES	NOMBRE DE FOIS MINISTRES	VICE-PRÉSIDENTS du Conseil	PRÉSIDENTS du Conseil
		Report......	210	4	17
99	Lepère.............	Agriculture et Commerce, 4 février 1879....................... Intérieur et Cultes, 4 mars 1879.... — 28 décembre 1879.	3	»	»
100	Le Royer............	Justice, 4 février 1879.............	1	»	»
101	Lewal (Général)......	Guerre, 3 janvier 1885..............	1	»	»
102	Lockroy............	Commerce et Industrie, 7 janvier 1886. — 12 décembre 1886. Instruction publique et Beaux-Arts, 3 avril 1888..................	3	»	»
103	Loizillon (Général)...	Guerre, 11 janvier 1893............ — 4 avril 1893..............	2	»	»
104	Logerot (Général)....	Guerre, 12 décembre 1887..........	1	»	»
105	Loubet.............	Travaux publics, 12 décembre 1887. Intérieur, 27 février 1892. *Président du Conseil*.................... Intérieur, 6 décembre 1892.........	3	»	1
106	Magne..............	Finances, 25 mai 1873............. — 26 novembre 1873........ — 22 mai 1874............	3	»	»
107	Magnin.............	Agriculture et Commerce, 4 septembre 1870................... Finances, 28 décembre 1879........ — 23 septembre 1880.......	3	»	»
108	Mahy (De)...........	Agriculture, 30 janvier 1882........ — 7 août 1882........... Marine et Colonies, 12 décembre 1887.	3	»	»
109	Marcère (De).........	Intérieur, 15 mai 1876............. — 13 décembre 1877........ Intérieur et Cultes, 4 février 1879..	3	»	»
110	Martel..............	Justice, 12 décembre 1876.........	1	»	»
111	Mathieu-Bodet.......	Finances, 20 juillet 1874..........	1	»	»
112	Martin-Feuillée......	Justice, 21 février 1883...........	1	»	»
113	Mazeau.............	Justice, 30 mai 1887..............	1	»	»
114	Meaux (Vicomte de)..	Agriculture et Commerce, 10 mars 1875 — 17 mai 1877.	2	»	»
		A reporter......	242	4	18

NUMÉROS D'ORDRE ALPHABÉTIQUE	NOMS	MINISTÈRES	NOMBRE DE FOIS — MINISTRES	NOMBRE DE FOIS — VICE-PRÉSIDENTS du Conseil	NOMBRE DE FOIS — PRÉSIDENTS du Conseil
		Report......	242	4	18
115	Méline.............	Agriculture, 21 février 1883........	1	»	»
116	Millaud (Édouard)...	Travaux publics, 4 novembre 1886... — 12 décembre 1886..	2	»	»
117	Montaignac de Chauvance (C.-amiral de).	Marine et Colonies, 22 mai 1874.... — 10 mars 1875...	2	»	»
118	Ozenne.............	Agriculture et Commerce, 23 novembre 1877....................	1	»	»
119	Paris..............	Travaux publics, 17 mai 1877.......	1	»	»
120	Perier (Casimir-)....	Intérieur, 11 octobre 1871.......... — 18 mai 1873..............	2	»	»
121	Peyron (Amiral).....	Marine et Colonies, 9 août 1883....	1	»	»
122	Peytral.............	Finances, 3 avril 1888.............. — 4 avril 1893..............	2	»	»
123	Picard (Ernest)......	Finances, 4 septembre 1870........ Intérieur, 19 février 1871...........	2	»	»
124	Poincaré...........	Instruction publique, Beaux-Arts et Cultes, 4 avril 1893..............	1	»	»
125	Pothuau (Amiral)....	Marine et Colonies, 19 février 1871.. — 13 décembre 1877.	2	»	»
126	Pouyer-Quertier......	Finances, 25 février 1871...........	1	»	»
127	Proust (Antonin)....	Arts, 14 novembre 1881............	1	»	»
128	Raynal.............	Travaux publics, 14 novembre 1881.. — 21 février 1883.....	12	»	»
129	Rémusat (Charles de).	Affaires étrangères, 2 août 1871....	1	»	»
130	Ribot..............	Affaires étrangères, 17 mars 1890... — 27 février 1892.. — 6 décembre 1892. Intérieur, 11 janvier 1893. *Président du Conseil*.....................	4	»	2
131	Ricard (Louis).......	Justice et Cultes, 27 février 1892...	1	»	»
132	Ricard (Pierre)......	Intérieur, 9 mars 1876.............	1	»	»
133	Rieunier (Vice-Amiral)	Marine, 12 janvier 1893............ — 4 avril 1893...............	2	»	»
		A reporter......	272	4	20

NUMÉROS D'ORDRE ALPHABÉTIQUE	NOMS	MINISTÈRES	NOMBRE DE FOIS MINISTRES	VICE-PRÉSIDENTS du Conseil	PRÉSIDENTS du Conseil
		Report......	272	4	20
134	Roche (Jules),.......	Commerce, Industrie et Colonies, 17 mars 1890 .... Commerce, Industrie et Colonies, 27 février 1892.................	2	»	»
135	Roussin (Amiral)....	Marine et Colonies, 23 novembre 1877.	1	»	»
136	Rouvier.......	Commerce et Colonies, 14 novembre 1881 .... Commerce, 13 octobre 1884 .... Finances, 30 mai 1887. *Président du Conseil*........................ Finances, 22 février 1889 .... — 17 mars 1890............ — 27 février 1892........... — 6 décembre 1892	7	»	1
137	Say (Léon)..........	Finances, 7 décembre 1872......... — 10 mars 1875 .... — 9 mars 1876 .... — 13 décembre 1877....... — 4 février 1879........... — 30 janvier 1882	6	»	»
138	Sarrien	Postes et télégraphes, 6 avril 1885.. Intérieur, 7 janvier 1886........... Justice, 12 décembre 1886.......... Intérieur, 12 décembre 1887........	4	»	»
139	Siegfried (Jules).....	Commerce et Industrie, 6 décembre 1892....................... Commerce, Industrie et Colonies, 11 janvier 1893	2	»	»
140	Simon (Jules)........	Instruction publique et Cultes, 4 septembre 1870 .... Instruction publique et Cultes, 19 février 1871....................... Intérieur, 12 décembre 1876 *Président du Conseil*.................	3	»	1
141	Spuller.............	Instruction publique, Cultes et Beaux-Arts, 30 mai 1887......... Affaires étrangères, 22 février 1889..	2	»	»
142	Tailhaud....... ...	Justice, 22 mai 1874..............	1	»	»
143	Teisserenc de Bort...	Agriculture et Commerce, 23 avril 1872. — 9 mai 1876.. — 13 décembre 1877.	3	»	»
144	Terrier.............	Commerce, Industrie et Colonies, 4 avril 1893....................	1	»	»
		A reporter......	304	4	22

NUMÉROS D'ORDRE ALPHABÉTIQUE	NOMS	MINISTÈRES	NOMBRE DE FOIS MINISTRES	VICE-PRÉSIDENTS du Conseil	PRÉSIDENTS du Conseil
		Report......	304	4	22
145	Thévenet...........	Justice et Cultes, 22 février 1889....	1	»	»
146	Thibaudin (Général)..	Guerre, 1er février 1883............. — 21 février 1883.............	2	»	»
146 *bis*	Thiers.............	Président du Conseil sans portefeuille, 20 février 1871...................	»	»	1
147	Tirard.............	Agriculture et Commerce, 5 mars 1879. — 25 décembre 1879. — 28 septembre 1880. Commerce, 30 janvier 1882......... Finances, 7 août 1882............... — 21 février 1883 .... Finances, 12 décembre 1887. *Président du Conseil*................. Commerce et Industrie, 22 février 1889. *Président du Conseil*............ Finances, 13 décembre 1892........ — 11 janvier 1893..........	10	»	2
148	Varroy.............	Travaux publics, 28 décembre 1879.. — 30 janvier 1882....	2	»	»
149	Viette..............	Agriculture, 12 décembre 1887..... — 3 avril 1888.......... Travaux publics, 27 février 1892... — 6 décembre 1892. — 11 janvier 1893... — 4 avril 1893.....	6	»	»
150	Viger...............	Agriculture, 11 janvier 1893........ — 4 avril 1893..........	2	»	»
151	Waddington........	Instruction publique et Beaux-Arts, 18 mai 1873.................... Instruction publique et Beaux-Arts, 9 mars 1876.................... Affaires étrangères, 13 décembre 1877. Affaires étrangères, 4 février 1879. *Président du Conseil*............	4	»	1
152	Waldeck-Rousseau...	Intérieur, 14 novembre 1881........ — 21 février 1883...........	2	»	»
153	Wallon............	Instruction publique, Cultes et Beaux-Arts, 10 mars 1875..............	1	»	»
154	Welche............	Intérieur, 23 novembre 1877........	1	»	»
154	Personnages ayant été ministres.	Totaux......	335	4	26

QUATRIÈME PARTIE

SOUS-SECRÉTAIRES D'ÉTAT

SOUS-SECRÉTAIRES D'ÉTAT

Les fonctions de sous-secrétaires d'État furent instituées sous la monarchie constitutionnelle par ordonnance royale du 9 mai 1816. D'après l'article 2 de cette ordonnance, ils furent chargés de la correspondance générale et des travaux administratifs qui leur seraient confiés par les ministres, secrétaires d'État.

Ces emplois furent supprimés à la révolution de 1848 et ne furent pas rétablis sous l'Empire.

Ce ne fut qu'à la chute de M. Thiers, Président de la République, c'est-à-dire après le 24 mai 1873, que M. le duc de Broglie, crut nécessaire (en souvenir de cette institution toute monarchique), de pourvoir le Cabinet, dont il devenait le chef, de sous-secrétaires d'État, dont le nombre d'ailleurs fut limité à 4.

Ces fontionnaires, qui reçurent un traitement annuel de 20.000 fr., ne devaient être attachés primitivement qu'aux ministères de l'Intérieur, des Finances et de l'Instruction publique ; mais plus tard, ils furent à diverses époques désignés pour remplir leurs fonctions administratives près des départements de la Guerre, des Affaires étrangères et des Travaux publics.

Par décret du 18 janvier 1877, un sous-secrétaire d'État fut adjoint au ministre de la Marine et des Colonies; c'est à ce département ministériel, où l'administration coloniale est si importante, que la présence de ce fonctionnaire est justifiée et semble être absolument nécessaire, jusqu'au jour peu éloigné où elle sera érigée en un ministère spécial.

Le service central des Colonies fut depuis la date précitée presque constamment administré par un fonctionnaire de cet ordre qui fit successivement partie :

1° Du ministère du Commerce et des Colonies par décret du 14 novembre 1881.

2° Du ministère de la Marine et des Colonies, par décret du 30 janvier 1882.

3° Du ministère du Commerce, de l'Industrie et des Colonies, par décret du 14 mars 1889.

4° Du ministère de la Marine et des Colonies, par décret du 13 juillet 1892.

5° Du ministère du Commerce, de l'Industrie et des Colonies, par décret du 11 janvier 1893.

REJET DU PROJET DE CRÉATION

D'UN MINISTÈRE DES COLONIES

Dans sa séance du 10 mai 1893, la Chambre des députés passa à la discussion de la proposition de loi relative à la création d'un ministère des Colonies, déposée par M. J. Reinach et plusieurs de ses collègues. M. Dupuy, président du Conseil, revendiqua pour le Gouvernement le droit de procéder par décret à la création où à la suppression d'un ministère et émit l'avis que la Chambre pouvait procéder par voie de résolution, en l'invitant à créer le ministère dont il s'agit.

M. Le Myre de Vilers, député de la Cochinchine, déposa aussitôt un projet de résolution en ce sens, mais sur la demande de M. de Mahy, député de la Réunion, la discussion fut remise au 15 mai, par 270 voix contre 233.

Dans l'intervalle, le Sénat mit à l'ordre du jour de la séance du 13 mai la seconde délibération sur l'organisation de l'armée coloniale, dont l'article 1er commençait ainsi :

« Le ministère de la Marine est chargé de l'administration des colonies, etc., etc. »

Le président du Conseil renouvela au Sénat l'avis qu'il avait émis à la Chambre des députés, à savoir que « le Gouvernement pouvait créer un ministère par décret, à la condition que la Chambre votât les crédits ». Il déclara en outre que son intention était de les demander pour la formation d'un ministère des Colonies.

M. Delcassé, sous-secrétaire d'État des Colonies, négligeant la question de droit, émit énergiquement l'opinion que cette création s'imposait et la demanda au nom de la politique coloniale de la France.

Le Sénat, approuvant ces déclarations, ajourna, sur la proposition de M. Thévenet, la discussion de la loi relative à l'armée coloniale, par

130 voix contre 109, afin de laisser à la Chambre le soin de se prononcer elle-même sur la question.

Le 15 mai 1893, l'ordre du jour de la Chambre appela la suite de la première délibération sur la proposition de loi de M. J. Reinach, relative à la création d'un ministère des Colonies. — M. le Myre de Vilers déposa de nouveau un projet de résolution demandant cette création; ce projet fut combattu par M. de Mahy qui n'en reconnut pas la nécessité ; M. Étienne, vice-président de la Chambre, fit un dernier et éloquent effort en faveur de l'adoption de la motion de M. Le Myre de Vilers, mais M. de Mahy demanda l'ordre du jour pur et simple qui fut d'ailleurs repoussé par 253 voix contre 242.

La motion de M. Le Myre de Vilers, mise alors aux voix, fut également rejetée par 263 voix contre 237.

Le texte de la Commission fut enfin abordé; il était ainsi conçu :

« Article unique. — A l'avenir aucun ministère ne pourra être créé « ni supprimé que par une loi.

« Il est créé un ministère des Colonies. »

Le premier paragraphe fut voté à main levée.

Le deuxième fut repoussé par 260 voix contre 239.

Aussitôt après ce rejet, M. Gerville-Réache, député de la Guadeloupe, proposa l'article additionnel suivant :

« Les colonies sont rattachées au ministère de la Marine. »

Mais M. Terrier, ministre du Commerce et des Colonies, demanda à la Chambre de maintenir le *statu quo*, en votant contre cet article additionnel qui fut repoussé par 365 voix contre 96.

A la suite de ces différents votes, non seulement le ministère des Colonies ne fut pas créé, mais l'administration des Colonies continua à faire partie du ministère du Commerce.

LISTE

Par dates des Décrets de nomination des Sous-Secrétaires d'État, avec indication du Département ministériel auquel chacun d'eux a été attaché.

DATES DES DÉCRETS	NOMS ET QUALITÉS DES SOUS-SECRÉTAIRES D'ÉTAT	DÉPARTEMENTS MINISTÉRIELS
	MM.	
23 février 1871 ..	Calmon...............................	Intérieur.
24 mars 1871	Letellier-Valazé (Général)...............	Guerre.
9 avril 1873.....	Pascal (Ernest), conseiller d'État en service extraordinaire...................	Intérieur.
25 mai 1873	Pascal (Ernest), conseiller d'État en service extraordinaire...................	*Idem.*
26 novembre 1873	Baragnon, membre de l'Assemblée nationale................................	*Idem.*
27 novembre 1873	Vente, membre de l'Assemblée nationale..	Justice.
21 juillet 1874 ...	Cornélis de Witt, membre de l'Assemblée nationale..........................	Intérieur.
2 août 1874.....	Passy, membre de l'Assemblée nationale.	Finances.
15 mars 1875	Albert Desjardins, membre de l'Assemblée nationale..........................	Intérieur.
	Bardoux, membre de l'Assemblée nationale................................	Justice.
	Passy (Louis), membre de l'Assemblée nationale..............................	Finances.
11 mars 1876	De Marcère, membre de l'Assemblée nationale..............................	Intérieur.
16 mai 1876......	Faye (Léopold), membre de l'Assemblée nationale..........................	*Idem.*
21 décembre 1876	Méline, député.........................	Justice et Cultes.
18 janvier 1877 ..	Roussin (Contre-amiral)................	Marine et Colonies.
18 mai 1877......	Baron Reille, membre de l'Assemblée nationale..............................	Intérieur.
20 septembre 1877	Cochery (Adolphe), député..............	Finances.
	Casimir-Perier.........................	Instruction publique, Cultes et Beaux-Arts.
18 décembre 1877.	Savary, député........................	Justice.
19 décembre 1877.	Ch. Lepère, vice-président de la Chambre des députés................	Intérieur.
22 décembre 1877.	Girerd (Cyprien), député................	Agriculture et Commerce.
5 février 1879...	Goblet, député.........................	Justice.
	Sadi Carnot, député....................	Travaux publics.
	Turquet, député...................	Beaux-Arts.

DATES DES DÉCRETS	NOMS ET QUALITÉS DES SOUS-SECRÉTAIRES D'ÉTAT	DÉPARTEMENTS MINISTÉRIELS
	MM.	
13 février 1879. .	Develle, député	Intérieur.
4 mars 1879.....	Martin-Feuillée, député	Intérieur et Cultes.
29 décembre 1879.	Martin-Feuillée, député	Justice.
	Constans, député	Intérieur et Cultes.
	Wilson, député	Finances.
	Turquet, député	Beaux-Arts.
	Sadi Carnot, député	Travaux publics.
	Girerd (Cyprien), député	Agriculture et Commerce.
17 mai 1880......	Fallières, député	Intérieur et Cultes.
28 septembre 1880	Choiseul (Comte Horace de), député	Affaires étrangères.
	Raynal, député	Travaux publics.
23 novembre 1880	Martin-Feuillée, député	Justice.
	Fallières, député	Intérieur et Cultes.
	Wilson, député	Finances.
	Turquet, député	Instruction publique et Beaux-Arts.
	Girerd (Cyprien), député	Agriculture et Commerce.
14 novembre 1881	Spuller, député	Affaires étrangères.
	Martin-Feuillée, député	Justice.
	Lelièvre, député	Finances.
	Blandin, député	Guerre.
	Lesguillier, député	Travaux publics.
	Faure (Félix), député	Commerce et Colonies.
	Caze (Edmond), député	Agriculture.
30 janvier 1882...	Varambon, député	Justice et Cultes.
	Develle, député	Intérieur.
	Berlet, député	Marine et Colonies.
	Rousseau, député	Travaux publics.
10 août 1882.....	Varambon, député	Justice et Cultes.
	Develle (Jules), député	Intérieur.
	Labuze, député	Finances.
	Logerotte, député	Instruction publique et Beaux-Arts.
	Baïhaut, député	Travaux publics.
27 février 1883...	Noirot, député	Justice et Cultes.
	Margue, député	Intérieur.
	Labuze, député	Finances.
	Durand, député	Instruction publique et Beaux-Arts.
	Baïhaut, député	Travaux publics.
22 septembre 1883	Faure (Félix), député	Marine et Colonies.

DATES DES DÉCRETS	NOMS ET QUALITÉS DES SOUS-SECRÉTAIRES D'ÉTAT	DÉPARTEMENTS MINISTÉRIELS
	MM.	
17 octobre 1883..	Casimir-Perier, député..................	Guerre.
17 mai 1884......	Laroze, député..........	Intérieur.
9 avril 1885......	Hérault, député..........................	Travaux publics.
18 avril 1885......	Cavaignac (Godefroy), député............	Guerre.
21 avril 1885.....	Hérault, député..........................	Finances.
28 avril 1885.....	Rousseau (Armand), député.............	Marine et Colonies.
15 janvier 1886...	De La Porte, député.....................	*Idem.*
	Peytral, député..........................	Finances.
25 janvier 1886...	Bernard, député..........................	Intérieur.
7 juin 1887.....	Étienne (Eugène), député................	Marine et Colonies.
5 janvier 1888...	Faure (Félix), député...................	*Idem.*
19 février 1888...	De La Porte, député.....................	*Idem.*
14 mars 1889....	Étienne (Eugène), député................	Commerce, Industrie et Colonies.
17 mars 1890....	Etienne (Eugène), député................	*Idem.*
13 juillet 1892....	Jamais, député...........................	Marine et Colonies.
6 décembre 1892.	Jamais, député...........................	*Idem.*
17 janvier 1893...	Delcassé, député.........................	Commerce, Industrie et Colonies.
4 avril 1893.....	Delcassé, député.........................	*Idem.*

ÉTAT

INDIQUANT LES NOMS DES SOUS-SECRÉTAIRES D'ÉTAT PAR DÉPARTEMENTS MINISTÉRIELS

Affaires étrangères.

MM. le comte Horace de Choiseul.............. 28 septembre 1880
Spuller.................................. 14 novembre 1881

Agriculture.

Caze (Edmond)..... .... 14 novembre 1881

Agriculture et Commerce.

Girerd (Cyprien) .... 22 décembre 1877
Girerd (Cyprien) .... 29 décembre 1879
Girerd (Cyprien) .... 23 novembre 1880

Beaux-Arts.

Turquet .... 5 février 1879
Turquet .... 29 décembre 1879

Commerce et Colonies.

Faure (Félix) .... 14 novembre 1881

Commerce, Industrie et Colonies.

Etienne (Eugène) .... 14 mars 1889
Etienne (Eugène) .... 17 mars 1890
Delcassé.................................. 17 janvier 1893
Delcassé.................................. 4 avril 1893

Finances.

MM. Passy (Louis)	2 août 1874
Passy (Louis)	15 mars 1875
Cochery (Adolphe)	20 septembre 1877
Wilson	29 décembre 1879
Wilson	23 novembre 1880
Lelièvre	14 novembre 1881
Labuze	10 août 1882
Labuze	27 février 1883
Hérault	21 avril 1885
Peytral	15 janvier 1886

Guerre.

Letellier-Valazé (général)	24 mars 1871
Blandin	14 novembre 1881
Casimir-Perier	17 octobre 1883
Cavaignac (Godefroy)	18 avril 1885

Instruction publique, Cultes et Beaux-Arts.

Casimir-Perier	20 septembre 1877
Turquet	23 novembre 1880
Logerotte	10 août 1882
Durand	27 février 1883

Intérieur.

Calmon	23 février 1871
Pascal (Ernest)	9 avril 1873
Pascal (Ernest)	25 mai 1873
Baragnon	26 novembre 1873
Cornelis de Witt	21 juillet 1874
Albert Desjardins	15 mars 1875
De Marcère	11 mars 1876
Léopold Faye	16 mai 1876
Baron Reille	18 mai 1877
Lepère (Ch.)	19 décembre 1877
Develle (Jules)	13 février 1879
Develle (Jules)	30 janvier 1882
Develle (Jules)	10 août 1882
Margue	27 février 1883
Laroze	17 mai 1884
Bernard	25 janvier 1886
Bourgeois (Léon)	19 mai 1888

Intérieur et Cultes.

MM.	Martin-Feuillée	4 mars 1879
	Constans	29 décembre 1879
	Fallières	17 mai 1880
	Fallières	23 novembre 1880

Justice.

Vente	27 novembre 1873
Bardoux	15 mars 1875
Savary	18 décembre 1877
Goblet	5 décembre 1879
Martin-Feuillée	29 décembre 1879
Martin-Feuillée	23 novembre 1880
Martin-Feuillée	14 novembre 1881

Justice et Cultes.

Varambon	30 janvier 1882
Varambon	10 août 1882
Noirot	27 février 1883

Marine et Colonies.

Roussin (Contre-amiral baron)	18 janvier 1877
Berlet	30 janvier 1882
Fauro (Félix)	22 septembre 1883
Rousseau (Armand)	28 avril 1885
De la Porte	15 janvier 1886
Etienne (Eugène)	7 juin 1887
Faure (Félix)	5 janvier 1888
De la Porte	19 février 1888
Jamais	13 juillet 1892
Jamais	6 décembre 1892

Travaux publics.

Sadi Carnot	5 février 1879
Sadi Carnot	29 décembre 1879
Raynal	28 septembre 1880
Lesguillier	14 novembre 1881
Rousseau	30 janvier 1882
Baïhaut	10 août 1882
Baïhaut	27 février 1883
Hérault	9 avril 1885

SITUATION

Au 1er juillet 1893
(ou dates de décès)
des personnages ayant été :
Présidents de la République,
Ministres ou Sous-secrétaires d'État depuis le 4 septembre 1870.

Cette situation a été divisée comme il est indiqué ci-après, savoir :

1° Personnages existants, étant actuellement :	Président de la République. Sénateurs. Députés. Ministres sans être ni députés, ni sénateurs. Sans position parlementaire.
2° Personnages décédés.	Date de la mort.

PRÉSIDENTS DE LA RÉPUBLIQUE

Existants	MM. **Carnot**, Président de la République, palais de l'Élysée. **Mac-Mahon**, maréchal de France, 70, rue de Bellechasse, à Paris, ex-Président de la République.
Décédés	MM. **Grévy**, mort le 9 septembre 1891. **Thiers**, mort le 3 septembre 1877.

MEMBRES DU GOUVERNEMENT DE LA DÉFENSE NATIONALE

Existants

MM. **Trochu**, général de division en retraite, 18, rue Traversière, à Tours.

Arago (Emmanuel), sénateur des Pyrénées-Orientales, ambassadeur à Berne (Suisse).

Rochefort, homme de lettres, directeur de l'*Intransigeant*, 4, Clarence-Terrace, Regent's-park, à Londres.

Simon (Jules), sénateur inamovible, élu par l'Assemblée, 1, place de la Madeleine à Paris.

Décédés

MM. **Crémieux**,	mort	à Paris, le 10 février 1880.
Favre (Jules),	—	à Versailles, le 20 janvier 1880.
Gambetta,	—	à Ville-d'Avray, le 31 décembre 1882.
Garnier-Pagès,	—	à Paris, le 30 octobre 1878.
Glais-Bizoin,	—	à Lamballe, le 6 novembre 1877.
Pelletan (Eug.),	—	à Paris, le 13 décembre 1884.
Picard,	—	à Paris, le 13 mai 1877.
Ferry (Jules),	—	à Paris, le 17 mars 1893.

MINISTRES

LES MINISTRES SE RÉPARTISSENT COMME SUIT :

Existants	1° Président de la République	1	102
	2° Sénateurs	35	
	3° Députés	33	
	4° Ministres sans être députés ni sénateurs	2	
	5° N'occupant plus de situation parlementaire	31	
6° Décédés			52
	Total		154

Ministres étant actuellement :

1° PRÉSIDENT DE LA RÉPUBLIQUE

1. M. **Carnot** (Sadi), au palais de l'Elysée, à Paris.

2° SÉNATEURS

MM.

1. **Barbey**, sénateur du Tarn, 250, boulevard Saint-Germain.
2. **Bardoux**, sénateur inamovible, élu par le Sénat, vice-président du Sénat 74, avenue d'Iéna.
3. **Barthélemy-Saint-Hilaire**, sénateur inamovible, élu par l'Assemblée nationale, 4, boulevard Flandrin (Passy).
4. **Bérenger**, élu sénateur par l'Assemblée nationale, 9, rue d'Anjou-Saint-Honoré.
5. **Berthelot**, sénateur inamovible, élu sénateur par le Sénat, 3, rue Mazarine.
6. **Billot** (général), élu sénateur par l'Assemblée nationale, 2, rue Pierre-Charron.
7. **Brunet**, sénateur de l'Indre, 17, avenue des Gobelins.
8. **Buffet**, sénateur inamovible, élu par le Sénat, 2, rue de Saint-Pétersbourg.
9. **Cazot** (Jules), élu sénateur par l'Assemblée nationale, questeur au Sénat, au palais du Luxembourg.
10. **Challemel-Lacour**, sénateur des Bouches-du-Rhône, président du Sénat, 9, rue de La Trémouille.
11. **Clamageran**, sénateur inamovible, élu par le Sénat, 57, avenue Marceau.
12. **Cochery** (Adolphe), sénateur du Loiret, 58, avenue d'Iéna.
13. **Constans**, sénateur de la Haute-Garonne, 18, rue de Miromesnil.
14. **Dauphin**, sénateur de la Somme, 3, avenue de Messine.
15. **Demôle**, sénateur de Saône-et-Loire, vice-président du Sénat, 28, rue Gay-Lussac.
16. **Devès** (Paul), sénateur du Cantal, 21, avenue Montaigne.
17. **Fallières**, sénateur du Lot-et-Garonne, 1, rue Le Goff.
18. **Faye**, sénateur du Lot-et-Garonne, 3, cité Vaneau.
19. **Freycinet** (De), sénateur de la Seine, 77, rue de la Faisanderie (Passy).
20. **Goblet** (René), sénateur de la Seine, 83, rue de Chaillot.
21. **Gomot**, sénateur du Puy-de-Dôme, 6, rue Lavoisier.
22. **Guérin** (Eugène), sénateur du Vaucluse, 5, rue de Villersexel.
23. **Humbert**, élu sénateur par l'Assemblée nationale, 162, rue de Rivoli.
24. **Krantz** (Vice-amiral), sénateur inamovible, élu par l'Assemblée nationale, 47, rue de la Bruyère.
25. **Le Royer**, élu sénateur par l'Assemblée nationale.
26. **Loubet**, sénateur de la Drôme, 93, rue de Seine.
27. **Magnin**, élu sénateur par l'Assemblée nationale, Hôtel de la Banque de France.
28. **Marcère** (De), sénateur inamovible, élu par le Sénat, 23, rue Montaigne.
29. **Mazeau**, sénateur de la Côte-d'Or, 10, cité Vaneau.
30. **Millaud** (Édouard), sénateur du Rhône, 78, avenue Kléber (Passy).
31. **Simon** (Jules), élu sénateur par l'Assemblée nationale, 10, place de la Madeleine.
32. **Spuller**, sénateur de la Côte-d'Or, 2, rue Favart.
33. **Thévenet**, sénateur du Rhône, 35, rue Godot-de-Mauroy.
34. **Tirard**, sénateur inamovible, élu par le Sénat, 8, rue Bonaparte.
35. **Waddington**, sénateur de l'Aisne, 31, rue Dumont-d'Urville.

3° DÉPUTÉS

1. **Bourgeois** (Léon), député de la Marne, 50, rue Pierre-Charron.
2. **Brisson** (Henri), député de la Seine, 9, rue Mazagran.
3. **Burdeau**, député du Rhône, 66, rue des Mathurins.
4. **Cavaignac** (Godefroy), député de la Sarthe, 15, rue de Phalsbourg.
5. **Christophle** (Albert), député de l'Orne, 19, place Vendôme.
6. **Deluns-Montaud**, député du Lot-et-Garonne, 3, rue des Beaux-Arts.
7. **Develle** (Jules), député de la Meuse, 131, faubourg Saint-Honoré.
8. **Dompierre d'Hornoy** (Vice-amiral de), député de la Somme, 4, place du Palais-Bourbon.
9. **Dupuy** (Charles), député de la Haute-Loire, 18, quai de Béthune.
10. **Floquet** (Charles), député de la Seine.
11. **Flourens**, député des Hautes-Alpes, 19, rue de la Pompe (Passy).
12. **Fourtou** (De), député de la Dordogne, 32, boulevard de Courcelles.
13. **Granet**, député des Bouches-du-Rhône, 12, rue Clément-Marot.
14. **Guyot** (Yves), député de la Seine, 95, rue de Seine.
15. **Guyot-Dessaignes**, député du Puy-de-Dôme, 26, rue Martignac.
16. **Legrand** (Pierre), député du Nord, 16, place de la Madeleine.
17. **Lockroy**, député de la Seine, 140, avenue Victor-Hugo.
18. **Mahy** (De), député de la Réunion, vice-président de la Chambre, 37 *bis*, rue de Bourgogne.
19. **Méline**, député des Vosges, 4, rue de Commailles.
20. **Poincaré**, député de la Meuse, 29, rue de Bourgogne.
21. **Peytral**, député des Bouches-du-Rhône, vice-président de la Chambre, 15, avenue Jules-Janin (Passy).
22. **Proust** (Antonin), député des Deux-Sèvres, 32, boulevard Haussmann.
23. **Raynal**, député de la Gironde, 12, place Pereire.
24. **Ribot**, député du Pas-de-Calais, 65, rue Jouffroy.
25. **Ricard** (Louis), député de la Seine-Inférieure, 160, rue du Faubourg-Saint-Honoré.
26. **Roche** (Jules), député de la Savoie, 39, rue de Moscou.
27. **Rouvier**, député des Alpes-Maritimes, 8, rue Windsor, à Saint-James-Neuilly (Seine).
28. **Sarrien**, député de Saône-et-Loire, 22, avenue de l'Observatoire.
29. **Terrier**, député d'Eure-et-Loir, 9, rue Lagrange.
30. **Say** (Léon), député des Basses-Pyrénées, 21, rue Fresnel.
31. **Siegfried**, député de la Seine-Inférieure, 6, rond-point des Champs-Élysées.
32. **Viette**, député du Doubs, 137, boulevard Saint-Michel.
33. **Viger**, député du Loiret, 10, rue Saint-Florentin.

4° MINISTRES SANS ÊTRE DÉPUTÉS NI SÉNATEURS

1. **Loizillon** (Général) ministre de la Guerre, à l'Hôtel du ministère de la Guerre.
2. **Rieunier** (Vice-amiral), ministre de la Marine, à l'Hôtel du ministère de la Marine.

5° MINISTRES N'OCCUPANT PLUS DE SITUATION PARLEMENTAIRE

1. **Allain-Targé**, ancien député de la Seine, 52, avenue Henri-Martin.
2. **Baïhaut**, ancien député de la Haute-Saône, 6, rue Pierre-Charron.
3. **Baraïl** (Général du), en retraite du 27 juin 1887, 36, avenue de Neuilly (Neuilly-sur-Seine).
4. **Bouillerie** (De la), 215 *bis*, boulevard Saint-Germain.
5. **Broglie** (Duc de), membre de l'Académie française, 10, rue de Solférino.
6. **Brun** (Charles), 40, boulevard Malesherbes.
7. **Caillaux**, directeur du Chemin de fer de Lyon, 10, rue de Lisbonne.
8. **Cumont** (Vicomte de), à l'Epinay, par Saint-Georges-sur-Loire (Maine-et-Loire).
9. **Dutilleul**, 41, rue Cambon.
10. **Duvaux**, 20, rue de l'Odéon.
11. **Ernoul**, au château de la Borderie, près Lussac-les-Églises (Haute-Vienne).
12. **Ferron** (Général), commandant le 18e corps d'armée, à Bordeaux.
13. **Ferrouillat**, 8, quai de Billy.
14. **Galiber** (Vice-amiral), en retraite du 2 juillet 1889, 36, rue Vignon.
15. **Gicquel des Touches** (Vice-amiral), en retraite du 1er mai 1884, 30, rue du Sud, à Versailles.
16. **Grimaudet de Rochebouët** (Général), en retraite du 12 août 1880, 70, rue de Ponthieu.
17. **Grivart**, avocat à la Cour de Rennes.
18. **Hérédia** (De), président de l'Union latine Franco-Américaine, 177, rue de Courcelles.
19. **Hérisson**, conseiller à la Cour de cassation de Paris, 56, rue Madame.
20. **Lepelletier** (Émile), conseiller à la Cour de cassation, 42, rue de Boulainvilliers.
21. **Lewal** (Général), en retraite du 1er février 1889, 22, rue Vintimille.
22. **Logerot** (Général), 2e section de l'État-major de réserve, à Bourg (Ain).
23. **Martin-Feuillée**, 154, boulevard Malesherbes.
24. **Mathieu-Bodet**, 1, rue de la Ville-l'Évêque.
25. **Meaux** (Vicomte de), 101, rue du Bac.
26. **Paris**, 3, rue de Fleurus.
27. **Roussin**, (Vice-amiral baron), 2e section du cadre de l'État-major général, du 2 août 1886, 128, boulevard Haussmann.
28. **Thibaudin** (Général), en retraite du 28 janvier 1888, à Montfermeil (Seine-et-Oise).
29. **Waldeck-Rousseau**, avocat à la Cour, 35, rue de l'Université.
30. **Wallon**, secrétaire perpétuel de l'Académie des Inscriptions et Belles-Lettres, 25, quai de Conti, à l'Institut.
31. **Welche** (Charles), conseiller d'État honoraire, 67, avenue d'Antin.

6° MINISTRES DÉCÉDÉS

1. **Aube**.............................. Mort le 31 décembre 1870.
2. **Banneville** (Marquis de)............... — 13 juin 1881.

3. **Barbe**	Mort le 29 juillet 1890.
4. **Batbie**	— 12 juin 1887.
5. **Bert** (Paul)	— 11 novembre 1886.
6. **Berthaut** (Général)	— 24 décembre 1881.
7. **Beulé**	— 4 avril 1874.
8. **Borel** (Général)	— 21 février 1884.
9. **Boulanger** (Général)	— 30 septembre 1891.
10. **Campenon** (Général)	— 16 avril 1891.
11. **Cissey** (Général de)	— 15 juin 1882.
12. **Casimir-Perier**	— 6 juin 1876.
13. **Chabaud-Latour** (Général de)	— 10 juin 1885.
14. **Cloué** (Vice-amiral)	— 25 décembre 1889.
15. **Crémieux**	— 10 février 1880.
16. **Dautresme**	— 18 février 1892.
17. **Decazes** (Duc)	— 16 septembre 1886.
18. **Depeyre**	— 30 septembre 1891.
19. **Deseilligny**	— 17 avril 1875.
20. **Dorian**	— 14 avril 1873.
21. **Duclerc**	— 21 juillet 1888.
22. **Dufaure**	— 27 juin 1881.
23. **Farre** (Général)	— 24 mars 1887.
24. **Favre** (Jules)	— 20 janvier 1880.
25. **Ferry** (Jules)	— 17 mars 1893.
26. **Fourichon** (Amiral)	— 23 novembre 1884.
27. **Gambetta**	— 31 décembre 1882.
28. **Gougeard** (Capitaine de vaisseau)	— 10 mars 1866.
29. **Goulard** (De)	— 4 juillet 1874.
30. **Graëff**	— 6 août 1884.
31. **Gresley** (Général)	— 2 mai 1890.
32. **Hervé-Mangon**	— 17 mai 1888.
33. **Jauréguiberry** (Vice-amiral)	— 21 octobre 1887.
34. **Jaurès** (Vice-amiral)	— 13 mars 1889.
35. **Lambrecht**	— 8 octobre 1871.
36. **Larcy** (De)	— 6 octobre 1882.
37. **Le Flô** (Général)	— 16 novembre 1887.
38. **Lefranc** (Victor)	— 12 septembre 1883.
39. **Lepère**	— 6 septembre 1885.
40. **Magne**	— 17 février 1879.
41. **Martel**	— 4 mars 1892.
42. **Montaignac de Chauvance** (Amiral de)	— 9 juin 1891.
43. **Ozenne**	— 2 mars 1889.
44. **Peyron** (Vice-amiral)	— 10 janvier 1892.
45. **Picard** (Ernest)	— 13 mai 1877.
46. **Pouyer-Quertier**	— 2 avril 1891.
47. **Pothuau** (Vice-amiral)	— 7 octobre 1882.
48. **Rémusat** (De)	— 7 juin 1875.
49. **Ricard** (Pierre)	— 11 mai 1876.
50. **Tailhaut**	— 8 octobre 1889.

51. **Teisserenc de Bort**.................. Mort le 30 juillet 1892.
52. **Varroy**.......................... — 23 mars 1883.

SOUS-SECRÉTAIRES D'ÉTAT

LES SOUS-SECRÉTAIRES D'ÉTAT SE DÉCOMPOSENT COMME SUIT :

Existants	1° Président de la République	1	40
	2° Sénateurs	10	
	3° Députés	15	
	4° N'occupant plus de position parlementaire	14	
5° Décédés			14
	Total		54

Sous-Secrétaires d'État étant actuellement :

1° PRÉSIDENT DE LA RÉPUBLIQUE

1. M. **Carnot** (Sadi), au palais de l'Élysée.

2° SÉNATEURS

MM.

1. **Bardoux**, sénateur inamovible, élu par le Sénat, vice-président du Sénat, 74, avenue d'Iéna.
2. **Bernard**, sénateur du Doubs, 218, rue de Grenelle.
3. **Cochery** (Adolphe), sénateur du Loiret, 38, avenue d'Iéna.
4. **Constans**, sénateur de la Haute-Garonne, 18, rue de Miromesnil.
5. **Goblet** (René), sénateur de la Seine, 34, rue de Chaillot.
6. **Fallières**, sénateur du Lot-et-Garonne, 1, rue Le Goff.
7. **Faye** (Léopold), sénateur du Lot-et-Garonne, 3, cité Vaneau.
8. **Lelièvre**, sénateur du Jura, 22, rue Vintimille.
9. **Marcère** (De), sénateur inamovible, élu par le Sénat, 23, rue Montaigne.
10. **Spuller**, sénateur de la Côte-d'Or, 2, rue Favart.

3° DÉPUTÉS

1. **Bourgeois** (Léon), député de la Marne, 50, rue Pierre-Charron.
2. **Casimir-Perier**, député de l'Aube, président de la Chambre, au Palais-Bourbon.
3. **Cavaignac** (Godefroy), député de la Sarthe, 15, rue de Phalsbourg.

*

4. **Caze** (Edmond), député de la Haute-Garonne, 90, boulevard de Courcelles.
5. **Choiseul** (Comte Horace de), député de la Corse, 232, rue de Rivoli.
6. **Delcassé**, député de l'Ariège, 11, boulevard de Clichy.
7. **Develle** (Jules), député de la Meuse, 131, faubourg Saint-Honoré, et au ministère des Affaires étrangères.
8. **Etienne** (Eugène), député d'Oran, 67, avenue d'Antin.
9. **Faure** (Félix), député de la Seine-Inférieure, 9, rue du Helder.
10. **Jamais** (Emile), député du Gard, 7, rue de Villersexel.
11. **Méline**, député des Vosges, 4, rue de Commailles.
12. **Passy** (Louis), député de l'Eure, 45, rue de Clichy.
13. **Peytral**, député des Bouches-du Rhône, 15, avenue Jules-Janin.
14. **Raynal**, député de la Gironde, 12, place Pereire.
15. **Reille** (Baron), député du Tarn, 10, boulevard de Latour-Maubourg.

4° SOUS-SECRÉTAIRES D'ÉTAT N'OCCUPANT PAS DE POSITION PARLEMENTAIRE

1. **Baïhaut**, ancien député de la Haute-Saône, 6, rue Pierre-Charron.
2. **Blandin**, ancien député de la Côte-d'Or.
3. **Desjardins** (Albert), professeur à la Faculté de droit de Paris, 30, rue de Condé.
4. **Durand** (Eugène), conseiller à la Cour de cassation, 35, rue de Saint-Pétersbourg.
5. **Girerd** (Cyprien), trésorier-payeur général de la Sarthe, au Mans.
6. **Hérault**, conseiller-maître à la Cour des comptes, 1, rue Pierre-Charron.
7. **Labuze**, trésorier-payeur général des Bouches-du-Rhône, à Marseille.
8. **Laroze** (Alfred), 5, avenue du Trocadéro.
9. **Martin-Feuillée**, 154, boulevard Malesherbes.
10. **Porte** (De la), 51, avenue Henri-Martin.
11. **Rousseau**, conseiller d'État, 131, boulevard Saint-Germain.
12. **Roussin** (Amiral baron), 2e section du cadre de l'État-major général de l'armée de mer, 128, boulevard Malesherbes.
13. **Turquet** (Edmond), 8, rue de Phalsbourg.
14. **Wilson** (Daniel), 2, avenue d'Iéna.

5° SOUS-SECRÉTAIRES D'ÉTAT DÉCÉDÉS

1. **Baragnon**..	Décédé le	19 mai 1892.
2. **Berlet**.............	—	28 juillet 1886, à Nancy
3. **Calmon**..	—	12 octobre 1890.
4. **Lepère**.............	—	6 septembre 1885.
5. **Lesguillier**....... ...	—	en 1889, pendant la période electorale.
6. **Letellier-Valazé**.....	—	11 octobre 1876.
7. **Logerotte**......... .	—	9 avril 1881.
8. **Margue**............	—	13 septembre 1888.
9. **Noirot**	—	21 septembre 1889.

10. **Pascal** .... Décédé le 29 mars 1888.
11. **Savary** .... — 9 septembre 1889.
12. **Varambon**.......... — 4 mai 1885.
13. **Vente**.............. — 19 décembre 1882.
14. **Witt** (Cornélis de).. — 14 décembre 1889.

Sur les 54 sous-secrétaires d'État qui ont occupé les fonctions pendant la IIIe République, jusqu'à ce jour, 19 ont été ministres; savoir :

MM.
1. **Baïhaut.**
2. **Bardoux.**
3. **Bourgeois** (Léon).
4. **Carnot** (Sadi).
5. **Cavaignac.**
6. **Cochery** (Adolphe).
7. **Constans.**
8. **Develle.**
9. **Goblet** (René).
10. **Fallières.**
11. **Faye** (Léopold).
12. **Lepère.**
13. **Marcère** (De).
14. **Martin-Feuillée.**
15. **Méline.**
16. **Peytral.**
17. **Raynal.**
18. **Roussin** (Amiral).
19. **Spuller.**

BIBLIOTHÈQUE NATIONALE R.F. IMPRIMÉS

TABLE DES MATIÈRES

BIBLIOTHÈQUE NATIONALE R.F. IMPRIMÉS

PREMIÈRE PARTIE

DEUXIÈME PARTIE

TROISIÈME PARTIE

QUATRIÈME PARTIE

SOUS-SECRÉTAIRES D'ETAT.

Paris. — Imp. PAUL DUPONT (Cl.) 58.5.93.

LIBRAIRIE ADMINISTRATIVE ET CLASSIQUE PAUL DUPONT
4, RUE DU BOULOI, PARIS

LA

PRÉPARATION

DE LA

GUERRE DE VENDÉE

1789-1793

PAR

CH.-L. CHASSIN

Trois volumes in-8°. Prix. . . . . 30 fr.

LA

VENDÉE PATRIOTE

1793-1800

PAR

CH.-L. CHASSIN

Quatre forts volumes in-8°. Prix. . . . . 40 fr.

Pour faire suite à

LA PRÉPARATION

DE LA

GUERRE DE VENDÉE

Paris.-Imp. PAUL DUPONT, (Cl.) 58*bis*.7.93.

www.ingramcontent.com/pod-product-compliance
Ingram Content Group UK Ltd.
Pitfield, Milton Keynes, MK11 3LW, UK
UKHW021856190726
13855UKWH00001B/349